U0518220

9 RULES FOR HUMANS IN THE AGE OF AUTOMATION

FUTUREPROOF

智能时代的九大生存法则

［美］凯文·鲁斯　　著
（Kevin Roose）

桂曙光　任溶　译

中信出版集团｜北京

图书在版编目（CIP）数据

智能时代的九大生存法则 /（美）凯文·鲁斯著；
桂曙光，任溶译. -- 北京：中信出版社，2023.1（2024.1重印）
书名原文：Futureproof: 9 Rules for Humans in
the Age of Automation
ISBN 978-7-5217-4848-2

Ⅰ. ①智… Ⅱ. ①凯… ②桂… ③任… Ⅲ. ①信息产
业－研究 Ⅳ. ① F49

中国版本图书馆 CIP 数据核字（2022）第 202056 号

智能时代的九大生存法则
著者：　　　[美]凯文·鲁斯
译者：　　　桂曙光　任溶
出版发行：中信出版集团股份有限公司
　　　　　（北京市朝阳区东三环北路 27 号嘉铭中心　邮编　100020）
承印者：　　北京通州皇家印刷厂

开本：880mm×1230mm 1/32　印张：8.25　　　字数：164 千字
版次：2023 年 1 月第 1 版　　印次：2024 年 1 月第 2 次印刷
京权图字：01-2022-2849　　　书号：ISBN 978-7-5217-4848-2
　　　　　　　　　　　　　　定价：59.00 元

有了路，再前进。

——贵格会格言

目　录

前　言

最近，我在旧金山参加聚会时遇到一个人，他介绍自己是一家小型人工智能初创公司的创始人。

这位创始人在知道我是《纽约时报》的科技专栏作家之后，就开始推销自己的公司，他说他们正在尝试采用一种叫"深度强化学习"的人工智能新技术来革新制造业。

他解释说，现代化工厂正在费力地实施所谓的"生产规划"，即一种计算哪些机器应该在哪几天生产哪些产品的复杂技术。他说，现在大多数工厂雇用人工来查看堆积如山的数据和客户订单资料，以确定塑料成型机是否应该在星期二制作"X战警"雕像、在星期四制作电视遥控器，或者反过来。这是一项枯燥但必不可少的工作，如果缺少了这项工作，那么现代资本主义可能会停滞不前。生产制造公司每年要花费几十亿美元来做好这项工作。

这位创始人介绍说，他们公司的人工智能技术可以为任何特定的工厂运行数百万个虚拟模拟，最终得出确切的工艺顺序，使得生产效率达到最高。他说，这种人工智能技术能够让工厂替换掉整个人工的生产规划团队，以及他们所依赖的大多数过时的软件。

"我们称之为'婴儿潮一代清理器'。"他说。

"婴儿潮一代……清理器？"我问。

"是的，"他说，"我是说，这当然不是官方的名称。但是，我们的客户公司中有太多年龄偏大、薪酬过高的中层管理人员，而这些公司已经不再需要那些人了。它们可以使用我们的平台来取代那些人。"

这位创始人似乎多喝了几杯，他接着讲了一个故事，说有一位客户多年来一直在寻找一种方法，以摆脱某位特定的生产规划人员，但始终无法想出如何将他的工作完全自动化。但是，在安装了这位创始人的公司的软件仅仅几天之后，该客户就能够在不牺牲效率的情况下取消生产规划岗了。

我微微感到有些惊讶，问创始人知不知道这位生产规划人员后来怎么样了。公司给他在内部重新安排工作了吗？他被随随便便地解雇了吗？他知道自己的老板们一直在密谋用机器人来代替他吗？

创始人咯咯地笑了。

"那不是我的问题。"他说，然后走向吧台，想再喝一杯。

────────────

我从小就喜欢技术，那时我把所有的空闲时间都花在了搭建网站和为新的电脑部件攒零花钱上。多年来，每当有人暗示计算机会破坏就业、破坏社会稳定或把我们引入反乌托邦的未来时，我都会翻白眼。我特别鄙视那些认为人工智能有一天会将人类淘汰的人。这些惊慌的技术恐惧者不是曾经警告过我们，任天堂游戏会毁掉我们的大脑吗？他们的恐惧不是总会被夸大吗？

几年前，当我开始在《纽约时报》担任科技专栏作家时，我听到的关于人工智能的大多数说法都反映了我自己的乐观看法。我见过一些硅谷初创公司的创始人和工程师，他们向我展示了深度学习等领域的最新进展如何帮助他们构建各种改善世界的工具：可以提高农作物产量的算法、可以帮助医院更高效地运行的软件、可以在我们打盹儿时或在网飞上看大片时接送我们出行的自动驾驶汽车。

这是人工智能炒作周期的高潮，当时所有的美国科技巨头，包括谷歌、Facebook（脸书）、苹果、亚马逊、微软等，都投入了几十亿美元来开发新的人工智能产品，并将机器学习算法尽可能多地应用到它们的应用程序之中。它们给自己的人工智能研究团队开了一堆空白支票，并从顶级大学的计算机科学系挖走了一批教授和研究生，提供了各种坦率来讲很滑稽的工作机会。（一位教授小声地告诉我，某科技公司刚刚给他的一位同事提供了一份年薪 100 万美元的工作合同，仅要求他在周五工作。）无论你往哪里看，初创公司都在筹集巨额资金，并承诺使用人工智能来颠覆一切，从播客到比萨外卖。至少在我的消息来源中，传统观点认为，这些基于人工智能的新工具对社会来说无疑是好事。

　　但是，在过去的几年，随着我花更多的时间报道人工智能和自动化①，有三件事让我开始重新思考我的乐观主义。

----

① 在本书中，我将使用"人工智能和自动化"作为各种数字化流程的总称，这些流程能够执行以前由人工完成的工作任务。对计算机科学家而言，"人工智能"最常指的是自动化的一个子类，在这个子类中，计算机被编程为使用机器学习等技术自行适应和学习，当你称某样东西为"人工智能"时，很多非常聪明的人会感到恼火，因为它实际上只是一种静态的、基于规则的算法。但是，这种区别可能是模糊的，并且对非技术读者来说大多是模糊的，所以我将尽可能使用这两个术语来对冲一下。同样，我会尽量少用"机器人"这个词——很多工程师讨厌这个术语，因为它被科幻电影"污染"了，可以被用来描述从智能机器人到洗碗机的一切。

第一，当我研究技术变革的历史时，我意识到技术专家喜欢讲述一些故事，比如技术创造的就业机会总是多于它摧毁的就业机会，或者人类与人工智能将会合作而不是竞争，这些说法要么是错误的，要么至少是非常不完整的。（我们将在第一章详细研究一些这样的观点以及其中的漏洞。）

第二，当我报道人工智能和自动化在世界上产生的影响时，我看到了这些技术创造者做出的承诺与使用这些技术的人在真实世界中的体验之间存在巨大的差距。

我采访了 YouTube（优兔）和 Facebook 等社交媒体平台的用户，他们原以为这些平台上基于人工智能的推荐系统会帮助他们找到有趣的、相关的内容，但他们竟然被引到了弥漫着误导信息和阴谋论的深渊。我听一些教师说过，他们学校推行了高科技的"个性化学习"系统，希望提高学生的成绩，但他们发现那只是在一些破损的平板电脑和不稳定的软件上摸索。我听到了一些优步（Uber）和来福车（Lyft）司机的抱怨，他们被灵活就业的承诺吸引，但随后发现自己受到了一种严苛的算法的折磨，这种算法迫使他们不仅要工作更长的时间，还会因休息而受到处罚，并且他们的收入也会不断被操控。

所有这些故事似乎都表明，人工智能和自动化对一些人来说运行得很好（直接说，就是创造这项技术并从中获得利润的企业高管和投资人），但它们并没有让所有人的生活变得更好。

第三，有最明显的迹象表明，情况已经发生了变化。那是2019年，当时我听到了一段关于自动化的更真实的对话。

这段对话并没有发生在科技会议的舞台上，也不是在商业杂志光鲜的宣传中进行的乐观对话。这是一些精英人士和工程师之间私下发生的对话，就像那位初创公司的创始人对我讲他的"婴儿潮一代清理器"软件一样。这些人近距离地看到了人工智能和自动化的未来，他们对这些技术的发展方向没有幻想。他们知道，在广泛的工作和社会活动中，机器现在能够或者很快就能够取代人类。他们中的一些人贪婪地奔向让自己手下的劳动力完全自动化的方向，他们的眼睛里充满了美元符号；另一些人更担心大规模自动化可能引起政治上的反对，并希望为受害者设计一种更温和的着陆方式。但他们都知道会出现一些受害者。没有人认为人工智能和自动化对每个人都有好处，甚至没有人考虑"踩刹车"。

在瑞士达沃斯举办的世界经济论坛上，我第一次瞥见了精英人士关于自动化的对话。[1]达沃斯论坛标榜自己是一个将全球精英聚集在一起讨论世界上最紧迫问题的高端会议，但实际上，它更像是资本主义的科切拉音乐节，是一件超越讽刺的、没有价值的事情，财阀、政治家和其他社会名流都会来这里彼此打个照面。对日本首相、高盛的首席执行官和"黑眼豆豆"团长威尔来说，这是世界上唯一一个人们吃着 37 美元一个的三明治，围坐在一起谈论收入不平等的地方。

我那些《纽约时报》的老板让我去报道那年的论坛，论坛的主题是"全球化 4.0"。这是一个为新兴经济时代编造的达沃斯式术语，在本质上毫无意义，而新兴经济时代是由人工智能和自动化技术的新变革浪潮定义的。每天，我都去参加题为"塑造新的市场架构"或"未来工厂"的圆桌讨论，在这些讨论中，有权势的高管们发誓要打造"以人为本的人工智能"，说这对公司和员工都会很好。

但是到了晚上，在他们的公开活动结束之后，达沃斯的与会者们就会摘下人道主义面具，进入正题。在奢华、公开的晚宴和鸡尾酒会上，我看着他们追问技术专家，人工智能要如何帮助他们将公司转变成精巧、自动化的利润机器。他们谈论自己的竞争对手正在使用哪些自动化设备，他们与咨询顾问就数字化转型项目达成协议，希望通过降低对人工的依赖来节省数百万美元。

有一天，我遇到了其中一位顾问。他叫莫希特·乔希（Mohit Joshi），是印孚瑟斯公司（Infosys）的总裁，这是一家总部位于印度的咨询公司，提供的服务是帮助大企业实现运营自动化。当我问乔希与高管们会谈的进展情况时，他皱起眉头告诉我，达沃斯的精英们对自动化的痴迷程度甚至超过了他的预期，而他赖以谋生的，就是工作的自动化。

他说，有一位客户原来希望逐步减少他们的劳动力，保留大约 95% 的员工，只在边缘环节实现自动化。

"但是现在，他们说的是：'为什么我们不能用 1% 的人工来完成所有的工作呢？'"他说。

换句话说，在摄像机和麦克风关闭之后，这些高管谈论的不是如何帮助员工。他们幻想着彻底摆脱员工。

———————

从达沃斯回来之后，我决定尽可能多地了解人工智能和自动化。我想知道，公司和工程部门内部实际在发生什么？什么样的人有被机器取代的危险？如果有危险的话，那么我们能做些什么来保护自己？

因此，几个月以来，我采访了一些工程师、高管、投资人、政治家、经济学家和历史学家。我参观了一些研究实验室和初创公司，参加了一些技术会议和行业会议。我阅读了大约 100 本书，它们的封面上大都有一个机器人和一个真人握手的图像。

正如我所报道的那样，围绕自动化的公开对话开始褪去一些乐观的光芒。人们开始注意到社交媒体算法的破坏性影响，这些算法将用户困在意识形态的共鸣室中，并将他们推向更极端的信仰。比尔·盖茨（Bill Gates）和埃隆·马斯克（Elon Musk）等科技领袖警告说，人工智能可能会使数百万人失业，他们敦促政治家们认真对待它，并将其视为一种威胁。经济学家们开始对人工智能会给员工带来什么做出悲观的预测，政治家们开始讨论是否需要激进的解决方案来抵御自动化引发的失业危机。敲响警钟的最著名的公众人物之一是纽约商人杨安泽（Andrew Yang），他在 2020 年竞选美国民主党总统提名时承诺给所有美国人每月 1 000 美元的"自由红利"，以减轻自动化带来的打击。他没有在竞选中获胜，但他对即将到来的人工智能革命的警告成了一种时代精神，将与科技性失业相关的讨论推向了主流。

人们对扼杀工作机会的机器心存恐惧，这种事情并不新鲜。事实上，这可以追溯到大约公元前 350 年，当时亚里士多德在思考，自动化织布机和自动弹奏的竖琴可以减少对奴隶劳动的需求。[2] 从那以后，与机器相关的焦虑情绪就起起伏伏，通常在技术快速变革时期达到顶峰。1928 年，《纽约时报》发表了一篇名为《机器的前进使人手闲置》（March of the

Machine Makes Idle Hands）的文章，在文章中，专家预测，一项新发明（依靠电力运行的工厂机械）很快会将体力劳动淘汰。[3] "二战"之后，随着越来越多的工厂开始安装制造机器人，人们再次普遍地认为工人注定要走向失败。麻省理工学院的研究员马文·明斯基（Marvin Minsky）通常被视为人工智能之父，据报道，他曾在 1970 年说过："在 3~8 年内，我们将拥有一台具备普通人平均智力水平的机器。"[4]

　　这些令人感到恐惧的预期从未实现过。但今天，在马丁·福特（Martin Ford）的《机器人时代》（*Rise of the Robots*）、埃里克·布莱恩约弗森（Erik Brynjolfsson）和安德鲁·麦卡菲（Andrew McAfee）的《第二次机器革命》（*The Second Machine Age*）等畅销书的推动下，人们对人工智能的焦虑感再次燃起。这两本书都证明了人工智能将会从根本上改变社会、改变全球经济。对"未来的工作"的学术研究预计（如牛津大学的一项研究[5]），在未来 20 年内，多达 47% 的美国工作岗位处于自动化的高风险之中，这增加了即将到来的厄运感。到 2017 年，3/4 的美国成年人认为，人工智能和自动化摧毁的就业机会将超过它们创造的机会，大多数人预计技术将会扩大贫富差距。[6]

　　在 2019 年的大部分时间里，我都在报道这些态度的变化，对这些恐惧被夸大的可能性，我也小心翼翼地保持着开放的心态。毕竟，美国的失业率仍接近历史最低水平，尽管企业高管们正在彼此谈论人工智能和自动化，但还没有太多明显的证据表明这正在对员工造成影响。

然后，新冠肺炎疫情暴发了。2020年春，美国大部分地区进入了就地避难的封锁模式，我的手机开始不断亮起，一些科技公司打来电话，告诉我疫情如何影响了其自动化计划。而现在，情况有所不同了，这些公司都想宣传其在自动化工作方面的努力。毕竟，机器人不会生病，即使病毒肆虐，能够成功地用机器代替人工的公司也可以继续制造商品和提供服务。消费者也对自动化感到兴奋，因为它减少了人类接触的必要。

新冠肺炎疫情给了公司所需要的掩护，使它们能够在自动化领域取得前所未有的巨大进步，而不会面临被强烈抵制的风险。所以，它们实施自动化、继续自动化，并且将更多工作自动化了。肉类生产商泰森食品聘请机器人专家开发了一款自动去骨系统，该系统可以帮助公司满足鸡肉和其他肉类的供应需求。[7]联邦快递开始使用包裹分拣机器人来代替其运输设施中生病和缺勤的工人。[8]购物中心、公寓大楼和杂货店大量使用清洁和安保机器人，以保持经营场所的清洁和安全，这些机器人的供应商甚至出现了库存短缺的情况。[9]

总的来说，新冠肺炎疫情似乎加快了自动化的进程，即使没有使它提前几十年时间实现，也提前了几年。大型咨询公司麦肯锡称之为"大加速"。[10] 微软首席执行官萨提亚·纳德拉（Satya Nadella）声称，该公司在两个月内经历了"两年时间的数字化转型"。[11] 2020 年 3 月，会计师事务所安永的一项调查发现，41% 的企业高管在自动化方面投入了更多的资金，以便为"后疫情时代"做准备。[12] 麻省理工学院的经济学家和首席自动化专家戴维·奥托尔（David Autor）称此次疫情为一次"强制自动化的事件"，预测它将引领技术趋势，并且将在病毒消失后持续很长的时间。[13]

与任何主题的达沃斯论坛相比，新冠肺炎疫情都更清楚地向我们展示了自动化的一些好处。即使有更多的员工请了病假，机器人和人工智能也可以让公司继续提供基本的商品和服务。制药公司使用人工智能和自动化制造来加速其对有效治疗方案和疫苗的搜寻。数十亿人被困在家里，害怕近距离接触，他们依赖于亚马逊、谷歌和 Facebook 等公司提供的自动化的、基于人工智能的服务来保障货架库存和社交生活的完整。

与此同时，新冠肺炎疫情也展示了自动化的一些局限性，以及我们还不能外包给机器的大量重要工作。我们开始谈论"基本员工"，他们的服务是社会运转所必需的，我们注意到其中很多人不是在技术、金融或其他一些高声望的领域工作，而是在相对乏味的行业，如护理、汽车维修和农业领域工作。我们还注意到，有些活动根本不适合虚拟化。人们在几个月的时间里都待在室内，屏幕是人们唯一的社交渠道，许多人都感觉到了一种强烈的回归物质世界的动力。一些坚持上网络课程的学生开始抱怨，他们没有学到任何东西，也没有玩儿得开心。被限制在家里的白领们开始渴望回到办公室，在那里他们可以更轻松地与团队合作，推进他们的工作。（我认识的一名技术员工抱怨说："没有人能在 Zoom 里得到提升。"）在疫情暴发的头几个月里尚能对虚拟互动感到满意的人们也开始打破社交距离规定，在餐馆吃饭，在酒吧喝酒，以及与朋友一起参加音乐会和教堂活动。

事实证明，机器不能为人类关系提供足够的替代品，也不能给我们提供前进所需的东西，也许它们永远也做不到。

———————

在花了几年时间研究人工智能和自动化的过去和现在之后，我发现人们很难继续相信天真的、乌托邦式的说法，即这些工具正在带领我们走上一条精心设计的进步与和谐之路。但我也发现，人工智能故事中最反乌托邦、最宿命论的版本，即声称智能机器注定要接管世界，我们对此无能为力，只能向自己被淘汰的命运妥协之类的说法，也难以令人满意。

对初学者来说，乐观主义者和悲观主义者都倾向于以一种奇怪的、似乎有远见的方式谈论人工智能和自动化。他们专注于审视这些技术在未来几年或几十年将会产生的影响，而忽略了它们已经产生的影响。

无论我们是否意识到，我们大多数人每天都与几十种人工智能产品进行交互，包括对社交媒体信息进行排序、为人类与 Alexa 和 Siri 等虚拟助理的交互提供支持的机器学习模型，决定我们为酒店房间和机票支付多少钱的动态定价软件，用于确定政府福利资格的不透明算法，执法机构在我们的社区进行巡逻所使用的预测性监管算法等。所有这些系统都至关重要，但很少有哪个系统像下面这个问题一样受到如此多的细致观察：长途卡车司机是否会因 18 轮自动驾驶货车而失业？

在人工智能和自动化的主流讨论中，人们在很多时间里都在探讨人工智能对狭隘的经济健康指标（如生产增长率和失业率）的影响，但往往忽略了一些更主观的问题，比如所有这些技术是否真的在改善人们的生活。正如凯茜·奥尼尔（Cathy O'Neil）、萨菲娅·乌莫贾·诺贝尔（Safiya Umoja Noble）和鲁哈·本杰明（Ruha Benjamin）等专家观察到的那样，设计不当的人工智能即使在"有效"时也会伤害弱势和边缘化群体，让他们面临新形式的数据收集和监控，并将历史性的歧视模式编码到自动系统之中。这种伤害可能有多种形式，比如一种学会了偏向男性而非女性的简历筛选算法，一种很难正确识别跨性别群体的面部识别系统，一种学会了向黑人贷款申请人收取更高利率的风险预测建模系统等。任何关于人工智能和自动化的负责任的讨论都需要解决这些问题。

但是，对于人工智能的主流讨论，我最大的问题是，双方都倾向于将技术变革视为一种发生在我们身上的无形的自然力量，就像万有引力或热力学一样。乐观主义者和悲观主义者都在谈论"治疗疾病的算法"或"机器人抢走工作"，就好像机器可以被编程赋予感知能力和职业抱负一样。双方都没有很好地认识到，人类每天都在觉醒，并决定如何设计、部署和评估这些系统的有效性。

我总是听到"自动化是宿命"的观点，尤其是在硅谷，人们往往把技术进步比作一列飞驰的火车，我们要么爬上去，要么被它碾过，我也明白为什么人们很容易相信这一点。在很长的一段时间里，我自己也信了。但这是错的。在内心深处，我们都知道这是错的。

从智人第一次用两根棍子摩擦生火开始，技术变革就一直由人类的欲望驱动着。印刷机、蒸汽机、社交媒体等东西不是凭空出现并完整地融入社会的。是我们设计了它们，围绕它们创造了法律和规范，并决定它们应该为谁的利益服务。创新也不是不可逆转的现象，前几代人通过努力已经成功地限制了一些有害工具的传播，比如核武器、石棉绝缘材料和含铅涂料等，而所有这些都代表了他们那个时代的技术进步。

无论你认为人工智能和自动化对人类来说是伟大的还是可怕的，重要的是要记住，这些都不是预先确定的。决定是否替换人类员工的是企业的高管，而不是算法。决定如何限制面部识别和定向数字广告等新兴技术的是监管机构，而不是机器人。构建新型人工智能的工程师对这些工具的设计拥有发言权，用户可以决定这些工具在道德上是否可以接受。

这就是人工智能革命的真相，没有迫在眉睫的机器接管，也没有恶意的机器人大军密谋奴役我们。

只有人，可以决定我们想要什么样的社会。

———————

本书的主旨并不是讨论机器人将会承担所有的工作、一部分工作，还是不承担任何工作。本书不是对技术资本主义恐怖的咆哓，也不是对我们将如何与机器智能共存的思考。我不会预测奇点何时到来，也不会告诉你如何创立一家人工智能初创公司发财致富。

本书讲述的是，你应该如何在一个日益由机器安排和为机器安排的世界中成为一个"人"。它试图说服你，在人工智能和自动化时代，过上幸福、有意义的生活的关键不是与机器正面竞争，比如学习编写代码、优化自己的生活、消除一切形式的个人低效和浪费等，而是增强你独特的人类技能，这样你就能更好地做一些机器做不到的事情。

如果你曾经觉得这个世界从你身边飞驰而过，或者你担心自己没有机会跟上技术的变革，那么我希望能说服你不要这样想。我想帮你保住自己的工作。我想帮助你在家里与技术建立起更健康的关系，并与算法和平共处，而这些算法试图改变你在购物时做出的选择、你关注的焦点以及你看待世界的方式。

最终，我希望我们关于技术的对话跳出兴奋和恐惧的两极，我希望促成一场更诚实的讨论，探讨即将发生的事情，以及我们能为此做些什么。

本书的第一部分"机器"尝试将观点摆上台面。我将利用对专家的采访、对书籍和研究论文的阅读以及大约 3 个世纪的工业历史来解释，为什么我相信人工智能和自动化已经对我们的社会产生了深刻的变革性影响，以及为什么我们应该期待这些变化在未来的几年会加速发展。我将回顾一些关于机器如何取代人工的普遍认知，并解释为什么我担心我们一直在为错误的机器人类型而感到担忧。

第二部分"法则"是我的建议。我将列出你可以为未来做准备的9个具体步骤，帮助你保护自己的人性并利用你最具人性的品质，同时避免当今技术的一些有害影响。我将展示一些例子，看看几个世纪以来人们如何通过这种方式成功地应对技术变革，并解释如何将他们的经验应用到你自己的生活和职业之中。

最后，我希望你能分享我对人工智能和自动化的一些担忧，以及它们在未来几年可能对经济、政治和社会带来的挑战。但我也希望你能对迎接这些挑战感到更加自信。最终，我的目标是让你相信，大家有可能成为那种不用担心的人：不管人工智能可以做什么、不可以做什么，人性都让我们无法被取代。

当你在阅读本书时，你会注意到，本书关注的更多是微观而不是宏观。书中没有关于生产率评估或劳动力参与率的冗长讨论，我也没有一套完美的人工智能政策建议可供分享。让我们的政治和经济机构为技术变革做好准备是至关重要的，很多专家都考虑过我们要如何为即将到来的自动化浪潮重构社会。但在本书中，我最关心的是个体，像你我这样的有工作、家庭和社区需要兼顾的人，我们能做些什么。

你也会注意到，很多内容我是用第一人称写的，那是因为我也在这趟旅途上。我每天都在与机器的关系中挣扎，我一直担心自己在自动化社会中的位置。（毕竟，我为一家报纸撰稿，这并不是"未来的工作"这个短语让人联想到的第一个职业。）本书的部分灵感来自我的私心，我希望能找到一些东西，一些精辟的见解或无可辩驳的数据，让我自己对未来的前景感到放心。

但是，我发现未来没有为我准备任何东西，因为没有"未来"或"准备中"这样的东西。现在，就像人类历史上的每一个节点一样，存在无数种可能的结果，而每一种都取决于我们做出的选择。如果机器人世界末日真的出现了，那也是我们自己创造出来的。如果这场技术革命让世界变得更公平、更幸福、更繁荣，那就是因为我们停止了无休止的理论探讨和现实辩论，掌握了自己的命运，并让自己面向未来。

凯文·鲁斯

美国加利福尼亚州奥克兰市

2021 年 1 月

第一部分

机　器

1. 一位"次乐观主义者"的诞生

机器对社会的危害，不是来自机器本身，而是来自人类如何制造它。

—— 诺伯特·维纳（Norbert Wiener）

美国应用数学家，控制论创始人

灯光暗了下来，吉他声在扬声器里隆隆作响，舞台后面的屏幕上亮起了一些机器人的名字。

信息安全审计机器人——埃森哲咨询公司

果汁压榨机器人——卡夫·亨氏食品公司

网络监控机器人——印孚瑟斯信息公司

那是 2019 年 4 月，我在曼哈顿一家酒店的宴会厅里，看着一家硅谷的初创公司向数百名企业高管展示其最新产品，这家公司的名字叫"随处自动化"（Automation Anywhere，后简称 AA 公司）。这些产品不是你在科幻电影中看到的那些实物机器人，而是软件机器人，它们由字节和像素组成，是被编程用来代替人类员工的。

AA 公司给这些高管推销的内容很简单："我们的机器人比你们办公室里的员工更为出色。"毕竟，机器人可以一周 7 天、一天 24 小时工作而不会筋疲力尽。他们不休假，不投诉人力部门，也不请病假。理论上看，如果用机器人代替人工，你就可以将人解放出来去做更有价值的事情。

AA 公司的首席执行官米希尔·舒克拉（Mihir Shukla）说："我们有20%~40%的劳动力被困在应用程序之间，承担连接的作用。"他补充说，当这些工作实现自动化时，"人们可以去从事价值更高的工作，而公司可以显著降低成本"。

推销工作看起来很有效。AA 公司尽管很低调，但已成为全球增长最快的初创公司之一，其估值超过了 60 亿美元。该公司的机器人已经完成了超过 100 万次的安装，客户包括万事达卡（Mastercard）、联合利华（Unilever）和康卡斯特（Comcast）等《财富》杂志 500 强企业。

几周之前，我应舒克拉的邀请，拜访了他们在美国加州圣何塞的公司总部。他带我参观了办公室，这是一栋单层建筑，空气清新，墙上印着数学公式。他还带我参观了 4 间会议室，这些会议室是为纪念不同时期的工业革命而设计的。

第一间会议室名为"1760"，其装饰是对首次工业革命的致敬，墙上挂着一套机械齿轮。第二间会议室被命名为"1840"，天花板上悬挂着爱迪生改进的白炽灯，以纪念19世纪后期的第二次工业革命。第三间会议室叫"1969"，墙上贴着20世纪中叶风格的壁纸，挂着一只迪斯科灯，这代表了第三次工业革命，即20世纪的创新浪潮，包括微型芯片、个人电脑和互联网等技术。

最后一间会议室完全用白色装饰，它代表了第四次工业革命，这是我们目前正在经历的一场革命，这场革命是由自动化领域的加速创新和人工智能来定义的。舒克拉说，墙上白板的装饰代表着第四次工业革命尚未结束，它改变我们生活的潜力仍在展现。

我们在圣何塞会面时，舒克拉告诉我，一个关于机器人的古老问题——它们会抢走我们的工作吗——从根本上说是被误导的。事实上，他认为在很多情况下，机器人应该接替我们的工作，因为这些工作正在浪费我们人类的潜力。

"我们试图将机器人从人的身体里抽离出来，让人类去实现更大的成就。"他说。

但是，在纽约，在潜在客户面前的舞台上，舒克拉为他的推销增加了一层更为务实的内容。他告诉这些高管，自动化可以大幅削减他们公司的运营支出，让公司更加赚钱。他夸口说，AA 公司的机器人不仅仅是一些单任务算法，而是一群"可下载的数字员工"，可以取代所有人的工作。他还举例说明了公司只需点击几下鼠标就可以"雇用"的数字员工：数字出纳、数字工资管理员、数字税务审计员。

然后，舒克拉回到了鼓舞人心的模式，发布了一份关于未来人工智能和自动化的宏伟的愿景声明，这份声明与他的很多技术同行的声明类似。这是对双赢未来的乐观描述，他认为，未来机器智能会将我们从世俗的劳动中解放出来，促进我们的经济发展，并使我们能够解决最大的社会问题。

他说："我想象了一个世界。从现在起，100 年后，我们将在火星的山坡上滑雪；200 年后，我们将在土星环上冲浪；500 年后，我们将把黑洞作为一种能源。"

舒克拉在舞台上踱着步，为自己的出色表现收尾。

他继续说道："这是人类的潜力，但是如果有 40%~70% 的劳动力还像机器人一样被使用，我们就无法做到这一点。我们必须解放人类的智慧！"

当我告诉别人，我正在写一本关于人工智能和自动化的书时，我得到了两种反应。

我那些对技术持怀疑态度的朋友和同事普遍赞同。他们总会听到关于扼杀就业的机器人的悲观预测，这令他们感到担忧。他们想让我证实他们对迫在眉睫的自动化危机的担忧是合理的，并确认他们的怀疑：即使人工智能不会导致大规模失业，它也会带来新的危害，比如令人毛骨悚然的监控、失控的自动驾驶汽车、令人大脑愚钝的社交媒体应用等，这些都是弊大于利的。

但是，对硅谷人来说，更典型的是我从 Box（企业软件公司）的首席执行官亚伦·利维（Aaron Levie）那里得到的反应。

"哦，老天，"他说，"请告诉我，你不是在写一本'机器人抢走了所有工作'的书吧，这种书让所有人都感到恐惧和沮丧。"

像 AA 公司的米希尔·舒克拉一样，利维认为机器人最终将对员工有益。媒体上对人工智能创新技术危言耸听的报道令他感到恼火，他认为我们都在杞人忧天。

在开始回答"我们如何处理人工智能"这个问题之前，我想让这个观点得到应得的重视，并真诚地与利维和舒克拉这样的人交流。因此，我与很多人工智能乐观主义者进行了交谈，他们相信这些技术最终会产生更多的积极影响，而不是消极影响。我将他们的看法归纳为下面四大主张。

主张一："我们以前遇到过这种情况，结果很好。"

乐观主义者认为，数百年来的证据表明，人们对自动化的恐惧通常是没有根据的，尽管技术确实摧毁了一些工作机会，但它总是能创造出新的工作来取代旧的工作，并在此过程中提高我们的生活水平。

乐观主义者说，当然，工业革命让一些农民失去了工作。但它在工厂里创造了数百万个就业岗位，并使全新的消费品变得更便宜、更容易获得。他们说，这种模式在人类历史上反复出现。电灯将点灯人淘汰了，但它们创造了人们需要生产、销售和维修的一整套新型电气化工具。家庭制冷让卖冰人消失了，但它为杂货店、餐馆和农场创造了更多的就业机会。

《第四时代》（*The Fourth Age*）的作者、未来学家拜伦·里斯（Byron Reese）就是一位这样的乐观主义者，他写道："250年来，技术一直在不断进步。在美国，失业率一直保持在5%~10%，即使蒸汽动力和电力等激进的新技术出现了也是如此。"[1]

提出这一观点的人经常援引当今的经济数据来支持他们的看法。通常，他们会提到"生产率悖论"，即在过去的几十年里，美国生产率的增长实际上已经放缓，这与你预计看到的情况相反，即大规模自动化让公司变得更加高效，并到处摧毁就业机会。

他们说，归根结底，没有证据表明这种技术变革与之前的变革有任何不同，我们应该让历史打消我们对未来的疑虑。

主张二："人工智能会让我们的工作变得更好，无聊的工作由它来做。"

乐观主义者说，技术通常不会取代工人。相反，它会改善他们的工作，将他们从重复的、单调的工作中解放出来，让他们专注于更有意义、更有价值的工作。

《连线》杂志在 2020 年的一篇文章中宣称："人工智能正在为你最厌烦的办公室工作而来。"[2] 该文章指出，人工智能应用程序正被部署在大公司的内部，从事数据输入、文档格式化和大篇幅报告汇总等繁重的工作。

乐观主义者经常引用专业人士的例子，说他们已经将大部分苦差事外包给了计算机，比如，医生使用电子病历来做大部分日常记录，以便他们可以专注于跟病人沟通；律师的法律研究软件使得他们可以花更多的时间与客户互动；另外，建筑师的计算机辅助设计软件为他们节省了大量单调的绘图时间。

乐观主义者说，这些工作没有受到自动化的威胁，因为仍然有很多人类医生、律师或建筑师可以做的事情是机器无法完成的。未来几年出现的人工智能将会让更多枯燥和重复性的工作消失，并使得我们有更多精力去做我们真正喜欢做的事情。

主张三："人与人工智能将会协作，而不是竞争。"

乐观主义者还认为，当今的大部分人工智能是为了与人协作而设计的，而不是为了取代人，我们应该将人与人工智能的关系视为协作的机会，而不是竞争的威胁。

在《第二次机器革命》一书中，埃里克·布莱恩约弗森和安德鲁·麦卡菲建议用"与机器一起跑"（race with the machines）来代替"与机器赛跑"（race against the machines）。咨询公司埃森哲的两位高管保罗·多尔蒂（Paul R. Daugherty）和詹姆斯·威尔逊（H. James Wilson）在他们合著的《机器与人》（*Human + Machine*）一书中写道，人与人工智能的协作将是 21 世纪经济的基石。

他们写道："人工智能系统并没有全面取代我们。相反，它们正在增强我们的技能，并与我们协作，以实现以前无法实现的生产率提升。"

这类乐观主义者经常举的一个例子是国际象棋大师加里·卡斯帕罗夫（Garry Kasparov），他因在 1997 年输给 IBM（国际商业机器公司）的"深蓝"电脑程序而出名。据说，卡斯帕罗夫在被"深蓝"击败后意识到，如果人类棋手与计算机协作，结果会更好。于是，他开始推广"自由式象棋"，在这种游戏中，每个玩家都可以向计算机程序咨询，并将机器的见解与他们自己的专业知识相结合。卡斯帕罗夫写道，当这些人机组合团队与单独的计算机对抗时，前者将势不可当。

乐观主义者认为，同样的原则也适用于所有领域的专业人士。医生在诊断疾病之前会咨询机器学习模型，法官会使用累犯算法为他们的判决提供依据，新闻记者会对机器生成的初稿进行人工完善。乐观主义者说，在所有这些情况下，人与人工智能共同努力，将会取得比任何一方单独工作更大、更高的成就。

主张四："人工智能不会导致大规模失业，因为人的需求是无限的。在未来，我们将会创造出我们今天甚至无法想象的新工作。"

乐观主义者通常提出的第四个主张是，悲观主义者本质上没有发挥他们的想象力。他们说，仅仅在几十年前，世界上许多大公司（包括 Facebook、谷歌和亚马逊）都还不存在。直到最近，才出现 YouTube 内容创作者、搜索引擎优化专家、专业电子竞技选手等职业。

他们认为，人工智能已经在数据科学、精密医学和预测分析等领域创造了新的就业机会。将来，随着人工智能的进步，它将为人类的创造力提供更多的机会。也许我们都希望私人教练机器人跟着我们，提醒我们要吃得更健康、做更多的运动；也许我们的城市里布满了相互连接的传感器，这些传感器可以动态调整交通模式以避免拥堵，或者通过分析生活废水来发现潜在疾病的暴发；也许除了自动驾驶汽车之外，我们还会建造自动驾驶餐厅，在我们吃饭的时候，它会把我们从一个地方运送到另一个地方。所有这些新项目都需要人，人不仅仅要编写代码，还要提供建议、安装传感器和提供招待服务。

乐观主义者说，我们总是善于为自己发掘新的、有趣的工作机会，随着技术打开一些新的大门，我们无穷无尽的渴望将使我们免于无所事事。

———————

在研究了这些主张，并检查了人工智能乐观主义者通常引用的证据之后，我的立场变得既不完全乐观，也不完全悲观。

这更像是一种"次乐观主义"（suboptimism）——我用这个编造的词语来表达我的信念，即尽管人工智能和自动化最令我们恐惧的情形可能不会出现，但其中仍存在一些真实、紧迫的威胁需要我们关注。如果我必须用1~10分来表示自己的忧虑等级，1分表示"人工智能不会造成任何的经济或社会问题"，而10分表示"人工智能将会摧毁我们以及我们珍视的一切"，那么我可能会徘徊在7分左右。

当谈到技术本身时，我就不那么担心了（也许忧虑等级是2分或3分）。我仍然相信，精心设计的人工智能和自动化可以从根本上改善很多人的生活。自动驾驶汽车和卡车每年通过避免致命事故就可以挽救数十万人的生命，这将会是一件好事，即使这也会导致一些卡车司机和出租车司机失业。精准医学是一种结合人工智能、大数据分析与基因组学的新型个性化疾病治疗和预防方法，可以帮助我们找到新的挽救生命的治疗衰弱性疾病的方法。人工智能还可以通过100万种方法来改善我们的未来，从严肃的（更有效的能源消耗）到有趣的（新式的自适应的、人工智能驱动的电子游戏）。

不过，我更担心的是那些设计和实施所有这些新技术的人（忧虑等级可能是8分或9分）。我已经看到，人工智能受到了渴望获得利润的企业高管和满眼放光的创业者们急切的欢迎，他们中的很多人都在故意低估人类将会受到伤害和被取代的风险。我知道，很多企业老板正在使用人工智能对其员工进行微观管理和监督，结果，很多工作变得更困难、更不稳定，而不是更轻松、产生更多回报。我知道，存在缺陷和偏见的数据集会导致人工智能出现缺陷和偏见，而构建当今人工智能的工程师们压倒性的同质化很可能会导致系统过度伤害边缘化群体（包括女性和少数族裔）。我担心，对试图压制弱势群体和政治异议的专制政府而言，人工智能将会变得越来越有用。一想到面部识别等人工智能技术将助长侵犯隐私和侵犯人权的行为，我就不寒而栗。

我承认，我的"次乐观主义"部分来说是一种直觉反应，这归因于我多年来对技术行业的了解，以及看着它偏离理想的结果。

但这也基于我在人工智能乐观主义者提及的案例中的发现，为什么每个要点都比乐观主义者所认为的要弱呢？

让我们从第一条乐观的主张开始。

"我们以前遇到过这种情况，结果很好。"

我发现的第一件事是，很多乐观主义者没有做过历史功课。因为虽然他们中的很多人声称第四次工业革命对人类来说将会很伟大，但他们很少注意到，对很多人来说，前三次工业革命并非都是伟大的。

在 18 世纪和 19 世纪，随着美国和英国工业化进程的推进，工人们经常在拥挤不堪且不卫生的工厂中忍受残酷的条件，并经常忍受长时间的工作和可怕的剥削。[3]童工们面临的是一些最恶劣的条件，他们挤在肮脏的板房里，工资少得可怜，当达不到老板的标准时，他们就会受到虐待。第二次工业革命和第三次工业革命对工人来说进行得更为顺利，部分原因是在首次工业革命的冲击下出现了劳动保护，但其中仍然存在很多问题。第二次工业革命开创了镀金时代，这是 19 世纪末美国历史上的一个时期，其特征是惊人的腐败、血腥的劳资冲突、令人痛苦的种族不公正和日益加剧的收入不平等。在第三次工业革命期间，通信技术的进步带来了巨大的生产率提升，但同时也促进了一种新的全天候工作文化的发展，给白领的工作带来了新的焦虑源，并导致了前所未有的倦怠和与工作相关的压力。

历史表明，虽然技术变革通常会改善精英阶层和资本所有者的境况，但工人并不一定总是能立刻享受到这种好处。例如，在 18 世纪 60 年代工业革命爆发后，英国的国内生产总值和企业利润几乎立即飙升，但据估计，英国工人实际工资的上涨用了 50 多年才实现。[4]恩格斯在《英国工人阶级状况》(*The Condition of the Working Class in England*) 一书中描述的这种差距，经济学家现在将其称为"恩格斯停滞"。[5]这意味着，在大多数真正参与工业革命的工人看到他们提高生产率的成果时，他们中的很多人要么已经退休了，要么去世了。

一些经济学家认为，如今我们可能处于另一个恩格斯停滞期，因为企业利润飙升，而工资水平停滞不前。最近的几项研究对下面这个观点提出了质疑：自动化创造的工作总是多于其摧毁的工作。

麻省理工学院的达龙·阿西莫格鲁（Daron Acemoglu）和波士顿大学的帕斯夸尔·雷斯特雷波（Pascual Restrepo）这两位经济学家发现，在过去的几十年中，自动化摧毁工作岗位的速度超过了其创造工作岗位的速度。[6]他们发现，1947—1987年，乐观主义者对自动化的看法基本上是正确的：在采用自动化的行业中，工作岗位的破坏和创造（他们称之为"取代"和"恢复"）以大致相同的速度发生。但是，1987—2017年，这些行业中被"取代"的人数大大超过了"恢复"工作的人数，新创造的工作机会通常是很多员工无法胜任的高技能工作。换句话说，虽然过去被取代的工人会感到欣慰，因为他们知道技术很快就会为他们创造新的工作，但是今天很多被人工智能和自动化摧毁的工作可能不会回来了。

自动化也往往会对低收入职业人群影响更大，并加剧现有的种族和性别差距。麦肯锡2019年的一份报告预测，自动化取代黑人男性的比例会明显高于取代白人男性或亚洲男性的比例，部分原因是黑人男性在自动化风险高的职业中所占的比例很高，比如卡车司机、餐饮服务人员和办公室文员。[7]（该报告预测，黑人女性的情况会好一些，因为她们在护理和教学等行业中所占的比例很高，这些行业自动化的风险较低。）

所有这些都应该让我们感到担忧，也应该让我们对那些乐观主义者做出第二次评判。对于当今人工智能和自动化产生的影响，他们竟然将历史视为信心的来源。正如牛津大学的经济学家卡尔·贝内迪克特·弗雷（Carl Benedikt Frey）所写的那样："如果这'只是'又一次的工业革命，警钟应该被敲响。"[8]在前三次工业革命中，很多人遭受了苦难，在这次革命中，很多人也会遭受苦难。

"人工智能会让我们的工作变得更好，无聊的工作由它来做。"

要评估这条主张，我们需要首先定义什么是"更好"。

自动化降低了工作对体力的要求，这是普遍的事实。过去几个世纪以来，最艰苦的蓝领工作（采矿、肉类加工、重工业等）大部分都被机器接管了。

人们也很容易想到自动化让枯燥、重复的白领工作消失的例子。例如，在我的工作中，我曾经不得不花费几个小时将采访的录音转换成文字。这是一项费时费力的工作，我讨厌它。现在，我可以将音频文件上传到一个自动转录服务程序中，该程序能够使用由机器学习驱动的语音转文本引擎，在几秒之内转录我的音频文件。但我的自动化转录服务也并不总是很顺畅，该应用程序往往会犯一些非常有趣的错误，比如我采访Facebook 首席执行官马克·扎克伯格（Mark Zuckerberg）的一位密友时，该程序将"扎克的倾向"（Zuck's inclination）转录为"性感的临床医生"(sexy clinician)。但这些年来，它为我节省了几百个小时，让我可以腾出时间来做报道和写文章。

但是，尽管有这些节省劳动力方面的创新，但没有证据表明当今的工作者比之前几代更快乐。今天，美国总体人口的抑郁和焦虑率水平比 30 年前要高得多，而且员工自我报告的工作场所压力水平几十年来一直在稳步上升。[9]

尽管我们的工作比以往任何时候都更安全、更轻松，但我们在工作中并没有变得更快乐。这种现象看似矛盾，但可以用这样的观察来解释，即除了让繁重的体力劳动消失之外，自动化还会剥夺工作者在工作中实际享受到的有趣、有益的部分。

历史学家戴维·奈（David Nye）写道，在 20 世纪 30 年代，随着第一拨工厂开始安装电力设施，很多工人希望它能改善他们的日常生活。但是电灯接通之后，他们发现自己生活中最大的改变就是不再交流互动。电气机器已经把曾经充满活力的协作工作变成了例行的、按下按钮的苦差事。[10]

奈写道："工厂内部的人际接触（自由传播的谣言、笑话和友情）变得更加困难。以前经常出现工作间歇，人们很容易进行社交，但现在经理们不断改进机器，加快了工作节奏。"

这种转变现在也发生在白领工作场所，因为人工智能和自动化让公司有可能挤掉所有的低效工作和停机时间，而这些情况曾经给员工们一个喘息和相互交谈的机会。

人工智能和自动化也创造了一些全新的无聊、重复的工作类别，其中很多是我们看不到的。玛丽·格雷（Mary L. Gary）和西达尔特·苏里（Siddharth Suri）曾写过"幽灵工作"（Ghost Work）的兴起，这是一种对最终用户精心隐藏人工劳动的现象，这种工作被用来使人工智能和自动化系统正常运行。[11]Facebook、Twitter（推特）和YouTube等社交网络依赖于大量低薪的承包商，他们的工作是整天筛选那些令人反感的内容，决定哪些帖子应该保留，哪些应该删除。像Alexa这样的人工智能助手得到了"数据注释者"的帮助，这些人会收听用户对话的录音，并通过标记数据、纠正错误以及训练人工智能理解口音和异常请求，帮助系统逐步改进。在中国，"数据标注公司"如雨后春笋般涌现，以满足用户对员工的大量需求，员工们整天做着普通的文书工作，例如标注图像和音频片段，这些工作使人工智能成为可能。[12] 据报道，这些员工每小时的收入只有 10 元。

人工智能乐观主义者声称，新技术总体上提高了我们的生活质量，并且一旦适应了它，我们很少想回到过去的做事方式，这一点大体上是正确的。（我想，即使最顽固的新技术反对分子，也不会对手洗衣服或在没有麻醉的情况下接受手术感到兴奋。）

但乐观主义者忽略了一点，那就是我们的生活并不能总体来看，也不能长期来看。作为职业生涯有限、寿命有限的个体，我们经历了一些重大的经济变革，对很多人来说，技术变革并不总是为他们的生活带来更好的物质条件。

原则上，我同意乐观主义者的观点，为了稳定而试图保护过时的规范和被淘汰的工作，是一场必败之战。我赞同这样一种看法，即我们作为一个社会，往往太仓促地将变革误认为灾难。

但是，对这个话题的任何诚实的评估都必须承认变革很困难，并且许多人不能无缝地从一个技术时代跳到另一个技术时代。不可避免地，有些人会从裂缝中掉下来；有些人最终找到了自己的立足点，但从未恢复他们曾经拥有的稳定性；还有一些人被掌握新技术的人利用，后者通过新技术从前者身上获取更多而付出更少。通常，这些变革最终会带来一代又一代的迷失者——数百万人的生活因无法控制的力量而脱轨，他们永远无法到达应许之地，甚至活不了那么久，无法知道应许之地到底是什么模样。

简而言之，人工智能和自动化当然能够改善我们的生活，但它们会不会改善，我们还远未可知。

"人和人工智能将会协作，而不是竞争。"

在这一点上，我真的、真的很想站在乐观主义者一边。我喜欢人和人工智能并肩协作、和谐相处的景象。我愿意相信，不管一台机器在给定的任务中表现得多么出色，总会有一些人类专家可以带来某种不可量化的 X 因子。

不幸的是，这似乎不是真的。

在一项又一项的研究中，研究人员发现，在达到一定的性能阈值后，人工智能的表现不仅会优于人类，而且会优于人机组合团队。2019 年，华盛顿大学和微软研究院的研究人员进行了一项综合分析，审核了以前的很多研究，将人工智能系统的独立决策与人工智能辅助下人的决策进行了评估。[13] 他们发现，在所有的情况下，人工智能独立运行的表现都优于人机组合团队。

"在这些研究中，我们没有观察到互补的表现，"研究人员写道，"在每种情况下，增加人的参与都会降低最终表现水平。"

连人机组合的国际象棋队的经典例子也存在缺陷。加里·卡斯帕罗夫关于这些人机组合团队将比单独的计算机更胜一筹的假设尽管在时间更早、功能更弱的计算机国际象棋时代可能是正确的，但现在似乎不再正确。例如，布法罗大学的研究人员在 2014 年领导开展的一项研究发现，虽然人机组合团队可能曾经比国际象棋人工智能更具优势，但这种差异没有持续到现在。[14]

换句话说，在这些我们经常听到的人机合作关系中，我们人类经常是沉重的累赘。

"人工智能不会导致大规模失业，因为人的需求是无限的。在未来，我们将会创造出我们今天甚至无法想象的新工作。"

尽管这在技术上是不可信的，但我发现这种说法比人工智能乐观主义者通常提出的其他任何观点都更具说服力。每当我想到人工智能和自动化可能会让人变得完全无用时，我都会想到我小时候还不存在的那些工作岗位，比如应用程序开发人员、社交媒体运营人员、播客制作人、无人机电影摄像师等。我发现自己感到疑惑，在未来的几十年里，我们会看到哪些新的、听起来很奇怪的工作？

行业观察人士已经看到一些新的工作出现了。咨询公司埃森哲在2018年调查了1 000家大公司，发现与人工智能相关的工作分为三类，即"培训者"（trainers）、"解释者"（explainers）和"维持者"（sustainers）。[15] 这些人要做的是引导和监督机器，向其他人解释算法做出的决策，并完成将人工智能集成到企业信息技术部门的烦琐工作。埃森哲的竞争对手高知特公司（Cognizant）最近发布了一份清单，列出了它认为很快会问世的几十种工作岗位，包括"个人数据经纪人"、"增强现实旅程构建者"和"青少年网络犯罪康复顾问"等。[16]

当然，最大的问题是，这些工作是否足够替代那些因自动化而消失的工作，以及旧工作的消失和新工作的出现之间是否会有很长的时间差距？

这些都是很难回答的问题，因为我们还不知道所有的新工作会是什么，或者它们会多快出现。

但是，还有一些其他的问题我们可以开始回答，比如：

- 技术创造的新工作会像它取代的旧工作一样稳定、使人有成就感且报酬丰厚吗？

- 新工作会和旧工作在同一个地方吗？

- 所有性别、种族和教育背景的人都可以获得新工作，还是说白人男性将仍然拥有不公平的优势？

- 公司的所有者会与员工分享自动化带来的利润，还是说他们会把利润留给自己和公司的投资人？

- 公司会在技术可行的情况下尽快解雇员工，还是会留住他们，对他们进行再培训，让他们从事其他工作？

- 人工智能研究人员会专注于创造新的、充满工作机会的行业中的重大突破，还是会致力于增量进步，仅帮助公司从员工身上榨取更高的生产率？

- 那些不能轻易从旧工作跳槽到新工作的人是否有足够的社会和经济支持？

- 谷歌、Facebook 和亚马逊等公司会使用人工智能来增强人们的能力，让他们获取可信赖的信息，并改善他们的生活质量吗？还是说他们会利用人工智能来扩大分裂、散播谎言和阴谋论，并建立无法逃脱的监控网络？

值得注意的是，这些都不是关于机器的问题，而是与人有关的。政治家、商业领袖和技术专家回答这些问题的方式，将决定人工智能和自动化是否被视为一种破坏性力量、一种人道主义祝福或两者之间的某种结合。

这让我想起了我的"次乐观主义"。

好消息是，我之所以不完全怀疑人工智能的潜力，是因为我们仍然有能力决定如何开发这些技术。如果我们做对了，那么结果可能会令人难以置信。如果设计和部署得当，人工智能就可以帮助我们消除贫困、治愈疾病、解决气候变化问题以及打击系统性种族主义。它可以把工作转移到我们生活的边缘，让我们有时间跟我们爱的人共度时光，去做一些让我们感到快乐和有意义的事情。

坏消息是，我之所以不像硅谷的很多朋友那样乐观，是因为现在引领人工智能的很多人都没有追求这些目标。他们并不是想把人从劳累和辛苦中解放出来，而是试图提高其应用程序的用户使用指标，或者从会计部门榨取 30% 的更高的效率。他们要么不知道，要么不关心自身工作的底层后果，尽管他们可能承诺关注如何负责任地运用人工智能，但他们并没有采取任何措施放慢脚步，也没有考虑他们构建的工具会如何造成伤害。

相信我，我很想再次成为一名人工智能的乐观主义者。但是现在，人类正在从中作梗。

2. 无惧机器人的工作

我们人类是一种由神经构成的网络。我们能做的，机器也能做。

——杰弗里·辛顿（Geoffery Hinton）

计算机科学家和人工智能先驱

几年前，我被邀请与一大群企业高管共进晚餐。这场晚宴真是花哨得不同寻常，有昂贵的香槟、鹅肝、牛柳，当主菜端上来的时候，我们的话题转向了人工智能和自动化，这种情况在这些圈子里很常见。

特别是，这些高管想知道哪些工作是无惧机器人的。他们问，什么事情人能做，而机器最终无法做得更好？

他们认同，制造业显然已经过时了，零售业、文职工作和卡车运输业也是如此。一位在医疗健康行业工作的企业高管表示，人工智能会取代放射科医生，可能还有皮肤科医生；另外一位高管说，很多入门级的金融和咨询工作将会被淘汰；还有一位高管表示，任何"舒适"的工作都有被自动化的风险（我想表现得礼貌一点儿，所以没问这个家伙他对"舒适"的定义是不是包括在工作晚餐上喝香槟、吃鹅肝）。

轮到我提建议的时候，我愣住了。我怀疑是否一定存在无惧机器人的工作。我曾听许多专家说过，包括护理、教学、数据科学在内的某些职业不受自动化的影响。但我也听说，有一些初创公司正在试图将同样类别的工作自动化。最终，我提到了一些陈词滥调，比如需要创造力和解决复杂问题的工作如何难以被机器取代，但我知道自己是在敷衍。

晚宴之后，我开始更为深入地研究工作自动化。我了解到，晚宴整个对话的前提是存在缺陷的，因为没有一项工作是天然无惧机器人的。

想一想过去我们认为的机器不可能完成的事情吧。

1895 年，英国著名物理学家开尔文勋爵（Lord Kelvin）驳斥了飞机将取代热气球成为世界首选的飞行器的想法，他说："比空气重的飞行器是不可能实现的。"[1]

8 年后，莱特兄弟在基蒂霍克驾驶飞机飞行，预示着热气球驾驶员离失业不远了。

1962 年，以色列数学家及语言专家耶霍舒亚·巴尔-希勒尔（Yehoshua Bar-Hillle）驳斥了计算机可以被用来翻译外语的观点，他写道："在翻译领域使用电子数字计算机不会带来任何革命性的变化，这是没有前景的。"[2]

这个观点过了更长的时间才被成功反驳，截至2018年，谷歌翻译每天处理1 430亿个单词，大大减少了对人工翻译的需求。[3]

我最喜欢的一条关于机器的错误预测出现在1984年，当时《纽约时报》刊登了一篇关于在机场引入自动售票机的报道。[4]这篇文章引用了一些专家的话，他们非常怀疑计算机取代人工旅行社这件事。援引一家旅行社老板的话来说："你如果按错了按钮，要怎么办？"

旅行社老板不是在做辩护，也不是愚笨，他只是无法想象人们将买机票这种重大事项委托给计算机的情形。当然，现在大多数人都在网上预订机票，旅行社雇用的员工人数已经大幅下降。

请记住，这些不是随机的、不知情的旁观者随意抛出的错误预测。这些人都是各自领域中领先的专家，与几乎所有的同代人相比，他们拥有更好的数据和更多的相关知识，但他们还是一次又一次地搞错了。

事实上，说到对人工智能的预测，专业知识可能根本帮不了多少忙。2014年，牛津大学研究人员的一项研究汇编了技术专家在人工智能发展进程方面60年的预测，并将其与同期业余爱好者的预测进行了比较。[5]研究人员最后得出结论，认为两组的准确性没有显著差异，他们写道："对人工智能的预测……似乎比随机猜测好不了多少。"

我不是在诋毁专家，我甚至不反对尝试预测技术变革轨迹的想法。（如果我反对，我就不会写这本书了。）但我担心，一种特定类型的错误——尤其是导致我们高估人类能力而低估机器能力的偏见——可能会让我们陷入危险的安全感。

在《专业人士的未来》（*The Future of the Professions*）一书中，理查德·萨斯坎德（Richard Susskind）和丹尼尔·萨斯坎德（Daniel Susskind）采访了包括法律、医学和金融在内的多个领域的专业人士，询问他们对自己所在行业未来的看法。[6]作者发现，尽管大多数人预测人工智能和自动化将从根本上重塑他们的领域，并让他们的一些同事失业，但他们几乎都相信自己的工作是安全的。

这不是一个孤立的现象。2017年的一项盖洛普调查发现，尽管73%的美国成年人认为人工智能"消除的就业机会将多于创造的就业机会"，但只有23%的人担心失去自己的工作。[7]在世界各地，在每一种职业中，聪明的人似于都同时让自己相信下面两点：（1）人工智能是一项强大的技术，能够以超人的效率完成一些复杂的工作；（2）机器永远无法做他们所做的事情。

令人难以置信的是，即使在机器已经危及工作岗位的行业中，这种否认现象也在发生。2019年，记者兼插画师温迪·麦克诺顿（Wendy MacNaughton）走访了美国内华达州、犹他州和爱达荷州的一些卡车停靠站，询问卡车司机们对自动驾驶卡车的看法。[8]尽管运输公司已经花费数十亿美元开发自动驾驶卡车运输技术，自动驾驶的原型已经飞驰在美国的高速公路上，而且当你阅读本书时，自动驾驶卡车很可能已经通过测试阶段并投入生产了，但几乎所有的卡车司机都认为这个想法是可笑的。

"计算机接管这份工作就是一个白日梦，"一名卡车司机告诉麦克诺顿，"没有谁能做我们所做的事。"

———————

人们对这一波人工智能和自动化浪潮感到困惑，部分原因是危险区域已经扩大。几十年来，大多数自动化都集中在重复性的手工工作上，主要是蓝领制造业的工作，而白领知识型工作者在很大程度上认为自己是安全的。但是如今，基于人工智能和机器学习的很多最有前途的应用程序出现在会计、法律、金融和医学等领域，这些领域涉及很多工作，比如规划、预测和流程优化。事实证明，这些正是人工智能最擅长的事情。

事实上，白领工作者可能比蓝领工人更容易被自动化取代。布鲁金斯学会 2019 年的一项研究借鉴了斯坦福大学博士生迈克尔·韦伯（Michael Webb）的工作，研究了人工智能相关专利文本与美国劳工部数据库中职位描述文本之间的重叠之处，寻找在两处都出现的短语，如"预测质量"和"生成推荐"等。[9] 在研究的 769 个工作类别中，韦伯和布鲁金斯学会的研究人员发现，其中 740 个（几乎是全部）至少在短期内存在一定的自动化风险。拥有本科或研究生学历的员工面临的人工智能风险几乎是只有高中学历的工人的 4 倍。研究发现，一些最容易自动化的工作是在美国圣何塞、西雅图和盐湖城等主要大城市里的高薪职业。

这与我们通常对人工智能和自动化风险的看法截然不同。对接受过高等教育的知识工作者来说，这应该引起警醒，他们一直认为自动化是别人要担心的问题。

多年以前，当高频交易算法和计算机化的股票交易为交易所清除了数以千计的工作岗位时，华尔街的交易员们在自己的可替代性上吸取了惨痛的教训。现在，这些机器瞄准了其他领域。2017 年，摩根大通开始使用一款名为 COIN 的软件程序，该程序使用机器学习来审查某些类型的金融合同。[10] 过去，人们每年要花 30 多万个小时来审查所有的文件。现在，这项工作几乎是瞬间完成的。许多顶级金融公司都在使用 Kensho，这是一个基于人工智能的数据分析平台，可以自动进行具体的金融分析，而这项工作以前需要大量的沃顿商学院毕业生来完成。[11] 富国银行在 2019 年的一份报告中估计，由于这些工具的使用，未来 10 年将有多达 20 万名金融业员工面临失业。[12]

随着人工智能学会做很多以前需要训练有素的人类专家做的工作，医学领域正在经历一场机器改造。2018 年，一家中国科技公司开发了一种深度学习算法，该算法能够比由 15 名顶级医生组成的团队更快速、更准确地诊断出脑瘤和其他疾病。[13] 同年，美国研究人员开发了一种能够在计算机断层扫描（CT）中识别恶性肿瘤的算法，错误率仅为人类放射科医生的 1/20。[14]

律师的工作也没有脱离险境。在 2018 年的一项研究中，20 名顶级的美国企业律师与一家名为 LawGeex 的人工智能初创公司开发的算法进行对抗。[15] 他们的任务是尽快找到 5 份保密协议（基本合同法的主要内容）中存在的法律问题。该算法以平均 94% 的准确率碾压了这些律师，而律师们的平均准确率为 85%。更残酷的仍然是计费时间上的差异：律师平均花 92 分钟才能完成挑战，而 LawGeex 的人工智能在 26 秒内就完成了。

连长期以来被视为拥有最佳工作机会的白领程序员也面临着自动化的风险。通过"无代码"和"低代码"开发接口，非程序员也可以创建应用程序。像亚马逊网络服务（AWS）这样的集中式服务提供商，使得公司可以用比以往更少的人力来编写软件和维护技术基础设施，连人工智能工程师也可能因自动化而失业。2017 年，谷歌发布了 AutoML，这是一套使用机器学习模型来构建和训练其他机器学习模型的工具。[16]谷歌最初的测试结果令人印象深刻：在被指示建立一套能够执行普通图像标记任务的神经网络后，谷歌的人工智能可以建立和训练出一个比谷歌自己的工程师编程的模型更精确的模型。

记者呢？算了吧。我们中很多人的工作在很大程度上可以自动化，尤其是那些产出往往更加常规和可预测的记者。2020 年，几家新闻出版机构开始尝试 GPT-3，这是一款由非营利研究实验室 OpenAI 开发的高级人工智能程序。从一条提示开始，通过使用机器学习，该程序能够生成长篇且有说服力的文章，其清晰度和风格让人类编辑感到惊讶。《卫报》用 GPT-3 写了一整篇专栏文章，讲述人工智能和机器学习的未来，文章总结道："总体而言，编辑这些文章花费的时间比编辑很多人类写的专栏文章的时间要短。"

这并不是说机器会取代所有的白领工作者，甚至也不是大多数白领。但这是一个警告，表明精英大学学位、令人印象深刻的 LinkedIn（领英）个人资料和六位数的年薪已不再是让自己避免被淘汰的保护伞。

————————

另外两种通常被认为不可能自动化的工作是"需要同理心的工作"和"需要创造性的工作"，这类工作涉及照顾他人和提出新的创意。

但是，研究人员和创业者在这两个领域成功地将某些有限的工作自动化了。斯坦福大学的研究人员开发了 Woebot，这是一款"聊天机器人治疗师"，它使用机器学习和标准的认知行为疗法来解决用户的问题，这一方法经过同行评审研究，表明可以显著减轻用户的抑郁和焦虑症状。[17] 在日本，有公司正在开发"护理机器人"，以帮助老年人按时吃药，帮助他们移动自己和进食，并为他们提供一种陪伴感。这些机器人无法完全与人进行互动，但它们可能也不需要这样。对老年护理机器人有效性的早期研究（包括 2019 年由新西兰奥克兰大学研究人员领导的一项研究）发现，在与阿尔茨海默病患者互动方面，它们可以像人类一样有效。[18]

此外，我们认为人类独有的一些技能，比如理解和解释情绪的能力，实际上可能可以被机器复制。事实上，计算机科学有一个完整的分支学科，叫作"情感计算"，它运用人工智能来分析语音和面部微表情，以确定人的情感状态。虽然这些系统的有效性和准确性正面临着激烈的争议，但其中一些系统的表现令人印象深刻。伦敦大学学院的伊娃·克鲁姆胡伯（Eva Krumhuber）在 2019 年领导的一项研究中发现，在正确识别一系列摆拍视频中的情绪方面，人工智能分类器比人类做得更好；在正确识别自发的、非摆拍视频中的情绪方面，人工智能的表现大致与人类一样好。[19]

至于一些创造性的工作，人工智能要想将达·芬奇赶出卢浮宫可能还需要一段时间。但是，计算机辅助艺术创作的早期实验已经显示出一些希望。我最近去了一个画廊看展览，那里的每幅画都是由人工智能使用一种被称为"生成对抗网络"（Generative Adversarial Network）的机器学习技术生成的。这些作品令人难忘，诡异而美丽，画廊里的收藏家们将它们抢购一空，有些画的价格高达数千美元。

人工智能在其他创造性领域也取得了长足的进步。算法现在可以自己写剧本、设计电子游戏关卡、生成建筑蓝图，研究表明，与有经验的人类创作的作品相比，人们通常更喜欢机器生成的创造性成果。

记者克莱夫·汤普森（Clive Thompson）写过一篇关于Jukedeck的文章，Jukedeck是一款基于人工智能的音乐编写工具，让用户可以即时生成新的作品。[20] 汤普森写道，尽管Jukedeck可能不会取代主流歌手，但它可能会加入制作配乐和库存音乐库的工作室乐师的行列。

在谈到Jukedeck为他制作的试听曲目时，汤普森写道："这首曲子虽然不算精彩或令人难忘，但它轻易地就达到了那种你在视频和广告中听到的人类创作作品的质量。人类作曲家需要至少一个小时才能创作出这样的作品，但Jukedeck不到一分钟就完成了。"

关于"无惧机器人的工作"的讨论还有一个更根本的问题，那就是它过于强调我们的职业名称，而对我们为这份工作准备的素质重视不够。

现有的大多数关于人工智能和自动化的研究都分析了广

泛的职业类别的自动化风险，让所有教师、建筑师和工厂工人面临相同的被淘汰的命运。甚至有一个网站，网址是WillRobotsTakeMyJob.com，你可以在这个网站上输入你的职业名称，然后查看自己与自动化相关的失业风险。（我的"记者和通讯员"岗位是11%，坦率地说，结果似乎很乐观。）

事实上，大多数工作都可以用非常容易或非常难以自动化的方式来完成。"艺术家"可以是给自闭症患者教授艺术治疗课程的人，也可以是在六旗游乐园画滑稽漫画的人。"医生"可以是受人喜爱的小镇儿科医生，也可以是把所有时间都花在实验室来分析扫描光片的诊断放射科医生。"记者"可以是揭露政府最高层渎职和不法行为的调查记者，也可以是为新闻通讯社分析公司盈利报告的人。尽管拥有相同的头衔，但这些人被人工智能替代的风险并不相同。

在这些职业层面的研究中，我还发现了另一个问题，即一些看似常规和可预测的工作实际上并不像看起来的那样。

例如，想想机场安检员。每天，他们告诉乘客从包里拿出液体和笔记本电脑，引导他们通过身体扫描机，并检查他们行李中的违禁物品。这是一种不需要什么技能的例行公事的工作，对吗？很容易自动化？但事实证明，安检员不仅仅要整天盯着X光机，还要处理一些意想不到的情况和异常事件，比如，有医疗问题的乘客无法通过身体扫描仪，或者有人忘带了身份证件。他们还要追踪丢失的物品，让紧张的旅客放松下来，并寻找可能暗示安全威胁的乘客细微行为的迹象。他们还做着无数其他微小的工作，这些工作不会出现在他们的工作描述中，但如果没有这些工作，任何机场都会陷入停顿。对机器来说，取代安检员的难度可能比数据显示的要大。

有些工作比它们最初出现时更加自动化了。以服装设计为例，设计服装似乎是一项纯粹的创造性工作，计算机不可能完成。但很多现代服装设计，尤其是"快时尚"连锁店和电子商务品牌的服装设计，主要靠模式识别和数据分析，以及在一款已经卖得很好的单品上创造变化。事实证明，这是人工智能可以做得很好的一类工作。事实上，有几家公司已经在使用人工智能进行时装设计了。2017 年，亚马逊的一个研究团队开发了一款机器学习算法，该算法可以分析特定风格服装的图像，并学习生成该风格的新服装。[21] 由两名麻省理工学院毕业生创办的 Glitch（人工智能时尚公司）销售的是完全由深度学习算法设计的产品。[22]

人工智能会放过所有的机场安检员，或者会取代所有的时装设计师？当然不是。但是，自动化的后果可能不是单纯的一些职业消失，而另一些职业毫发无损地留存下来。

简而言之，我应该在奢华的晚宴上告诉那些企业高管，他们问错了问题。无惧机器人的工作不存在，我们的职业名称也不代表我们的命运。

　　说到避免被机器替代，我们做什么远不如我们如何做重要。

3. 机器如何真正取代我们

有些技术是伪装的……它们看起来不像技术，正因为如此，不管是好是坏，它们都在做自己的工作，没有遇到太多的批评，甚至没有人意识到。

——尼尔·波兹曼（Neil Postman）

媒介文化研究者

　　20世纪60年代的经典动画片《杰森一家》（*The Jetsons*）讲述了一家人的故事，展示了我们通常认为的人类会被机器取代的方式，而这家人就生活在机器人遍布世界的未来。在动画片中，乔治·杰森（George Jetsons）去工厂上班。当他到达工厂时，老板把他叫到办公室，并告诉他工厂已经引进了一个名叫 Uniblab 的机器人来做他的工作。（作为安慰，老板让乔治担任 Uniblab 的助理。）

　　半个世纪之后，这仍然是工作场所实现自动化时人们的刻板印象。有一天你进入办公室，一个机器人坐在你的座位上。

你的老板尴尬地整了整自己的衣领，向你公布了这个坏消息。

这种一对一的取代仍然偶尔发生，比如在 2019 年，沃尔玛引进了一系列的地板清洁机器人，同时解雇了数百名清洁工。[1]（据《华盛顿邮报》报道，美国佐治亚州玛丽埃塔市的一家沃尔玛商店的工人给他们的地板清洁机器人取名为弗雷迪，这也是那名被取代的受人喜爱的清洁工的名字。）但"杰森式"的解雇很少出现，而且越来越少，原因主要是资本的效率，而不是其他什么。基本上，如果一个现成的硬件机器人可以取代你，那么它可能已经取代了。

如今，更典型的情况是我从杰米·勒曼（Jamie Lerman）那里听到的故事。勒曼是一名来自美国新泽西州的保险推销员，他在一家大型全国性保险公司的某个小型私人分支机构工作。当他 10 年前开始销售保险时，这家分支机构里挤满了保险代理人，他们整天拨打销售电话，计算新政策下的报价，并处理客户的账单。但是，新技术将很多功能自动化了。如今，该分支机构的员工人数只有勒曼刚开始工作时的一半，办公室里的很多办公桌都空着。

"并不是有人被解雇了，"他告诉我，"而是说，在他们离职之后，立即找人取代他们的紧迫性越来越小。我们只是不再需要那么多人了。"

自动化相关的失业还有一些更微妙的形式。请考虑以下（纯粹假设的）场景。

1. 一家拥有 8 万名员工的航空工业巨头的工厂遍布全美国，但在过去几年里，其新飞机的销量急剧下降。其中一个原因是，旧金山一家拥有 20 名员工的初创公司开发了一款应用程序，该程序利用机器学习，通过预测算法来计算飞机何时需要更换和维护某些零件，从而延长飞机的使用寿命。有了这款软件，航空公司开始降低更换飞机的频率，这家航空工业巨头连续几个季度的销售额都低于预期。在股东和董事会的压力下，公司决定关闭几家工厂，解雇 25% 的员工。

2. 几十年来，一家卡车运输公司一直为同一家大型零售商运送货物。但有一天，这家零售商的物流部门开始使用一款新型的人工智能驱动的"负载优化器"，以提高运输效率，并减少运输相同数量货物时所需的卡车数量。第二年，这家卡车运输公司的运送订单减少了 30%，它被迫解雇了一些司机和调度员。

3. 过去 20 年，纽约的一家著名律师事务所每年夏天都要招聘 50 名法学院毕业生。作为该律所最大的客户，华尔街的一家投资银行刚刚安装了一种基于人工智能的工具，这种工具可以自动审查某些类型的文件，并标记出法律合规问题。该工具可以由低收入的投资银行员工操作，他们每小时的工资成本是 40 美元，而不是律师事务所员工的每小时 400 美元，因此投资银行大幅减少了对外部法律顾问的使用。这家律师事务所的合伙人之前没有将这一变化纳入收入预测，他们决定明年夏天只招聘 25 名法学院毕业生。

所有这些场景都涉及与自动化相关的工作流失，尽管没有一个场景涉及直接的、一对一的工作取代。如果其中一个场景发生在你身上，那么你可能永远也不会想到其中涉及技术。你所看到的都是次要的影响：预算削减、职位空缺、工作机会减少。

这种情形是技术作家布莱恩·麦钱特（Brian Merchant）所说的"无形自动化"问题的一部分。[2] 麦钱特写道："自动化似乎不会立即且直接地让员工集体打包走人。"相反，他说自动化的影响通常是逐渐显现的，表现为减薪、职位空缺和更高的流动率。

事实上，机器取代人工有几种常见的方式，但没有一种与"杰森式"的场景类似。

小公司取代大公司

第一种方式是，自动化使得小公司与规模更大、实力更强的竞争对手相比，能够用更少的人力完成类似的工作。

哈佛商学院教授马尔科·扬西蒂（Marco Iansiti）和卡里姆·拉哈尼（Karim Lakhani）在他们的著作《在人工智能时代竞争》（*Competing in the Age of AI*）中，以蚂蚁集团为例说明了这一概念。[3] 蚂蚁集团是一家金融服务公司，隶属于中国电子商务巨头阿里巴巴。蚂蚁集团最初是一个名为支付宝的支付平台，现在是世界上最有价值的私营公司之一。它之所以能获得如此大的成就，在很大程度上是因为它找到了一种方法，用机器流程取代了传统银行提供的劳动密集型服务。

例如，网商银行是蚂蚁集团的一家子公司，它提供一款借贷应用程序，其签名流程被称为"3-1-0"，因为它可以做到三分钟申请贷款，一秒钟算法审批贷款，零人工参与。网商银行已通过这种方式发放贷款数千亿美元，依靠从阿里巴巴和其他合作伙伴那里搜集的消费者数据，网商银行将违约率控制在1% 左右，这远低于很多传统银行的违约率。

截至2018年，网商银行只有大约300名员工，它永远不会通过解雇数千名人工信贷员来为算法让路，因为公司从未雇用过数千名人工信贷员。但在中国其他的银行和贷款公司里存在这些工作岗位。可以肯定的是，随着网商银行继续增长，很多其他公司将被迫削减工资以跟上步伐。

新行为取代旧行为

机器也通过改变我们执行某些工作的方式来替代人工。

以曾经的摄影巨头柯达公司为例。1988 年，柯达还是一家欣欣向荣的企业，拥有 145 000 名员工，该公司总部所在地美国纽约罗切斯特市的很大一部分人口都受雇于该公司。当时，如果你问柯达的一位高管，对这些员工最大的威胁是什么，那么他可能会说一些关于外包或海外竞争之类的话。可能某位真正有远见的高管才已经预测到了数码相机的崛起。

但是，海外竞争和数码相机并没有杀死柯达，做到这一点的是智能手机和社交媒体。随着数以亿计的人开始随身携带配置了高分辨率相机的 iPhone（苹果手机）和安卓设备，他们不再认为摄影是一项需要专用设备的付费服务，而是开始把它视为一种自助爱好。科技公司并没有打算杀死柯达，但通过改变潜在的消费者行为，让人们从打印照片转变成将照片上传到网上，它们实际上决定了柯达的命运。柯达 2012 年宣布破产，如今它只有大约 5 000 名员工。

如果说柯达的其他 14 万个工作岗位被自动化清除了，那么这听起来很奇怪，因为柯达并没有实施这种自动化。自动化发生在 MySpace（聚友网）、Facebook、Instagram（照片墙）、Twitter 和其他提供图片分享工具的公司。但是，当这些公司采用技术让用户可以在网上分享他们的照片而无须关心胶卷盒时，罗切斯特市的柯达员工就失业了。

自由职业者取代全职员工

机器还可以将工作分解成一个个标准化任务，使相对业余的人也可以执行，同时让少量经理监督灵活且数量庞大的劳动力，这使得公司可以利用兼职、临时工和应急工来代替全职员工。

这种现象的典型实例是优步、来福车和爱彼迎（Airbnb）等零工经济公司，这些公司使得有车、有空余房间的人可以与专业司机及酒店经营者竞争。但更好的例子可能是我所在的行业发生的事情。几十年前，人工记者受雇于报纸、杂志和电视台，他们要区分事实与虚构内容，决定哪些内容适合受众口味，并按重要性编排当天的新闻。他们被称为"编辑"、"制作人"

或"记者"，数量有成千上万，大多数人都过着体面的中产阶级生活。

如今，这些工作岗位中的一大部分已经消失，取而代之的是"内容审核员"这个自动化时代的岗位名称。跟以前的编辑和制作人一样，内容审核员每天都在确保通过Facebook、YouTube、Twitter或其他平台向大众传播的信息适合公众消费。他们通常不受雇于这些平台本身，而是通过一些中介机构和咨询公司提供外包服务。这些人的工资很少能高出最低工资太多。虽然他们整天都在筛选那些令人反感的内容，但他们接受的培训很少，而这些培训曾经让编辑和制作人能够在决定哪些内容可以放行、哪些应该删除时做出实时、主观的判断。相反，内容审核员参照的是非人性化的"内容指南"和经理交给他们的决策树。科技公司的最终目标是使这一过程自动化，并用能够准确检测仇恨言论、图形暴力和其他违禁内容的人工智能来代替所有的人工内容审核员。但与此同时，这些公司只会用低收入的临时工代替拿薪水的专业人员。

————————

自动化以一种微妙、间接的方式改变我们的生活和工作场所，这使得我们往往很难确定任何一种单一威胁的性质。但事后看来，我们经常会意识到，一项初次遭遇时感觉无害甚至有益的技术，最终会产生更具破坏性的效果。

1984 年，当 TurboTax（报税软件）出现时，它看起来不像是一个扼杀工作的机器人，更像是一款可以让计算机极客们在电脑上填写税单的软件，但它最终迫使大批的报税员去寻找新工作。

1985 年，当微软的 Excel（电子表格）发布时，它看起来不像是一个扼杀工作的机器人，更像是一款电子表格程序，但它最终让整个人工数据录入部门消失了。

2006 年，当 Facebook 添加了一项名为"动态消息"（News Feed）的功能时，它看起来不像是一个扼杀工作的机器人，更像是一种方法，让你可以找出大学里迷恋的对象中谁最近单身了，但它演变成了一款给数十亿人分发信息的产品，主导了网络广告市场，减少了大众对报纸和杂志的需求。

几乎可以肯定，今天我们生活中的一些技术最终会像上面这些工具一样，让一些人失去工作。我们可以从历史中吸取一个简单的教训：机器会以我们意想不到的方式破坏我们的生活。我们担心的是《终结者》中的"天网"，而不是电子表格。当变化到来时，我们经常会大吃一惊。

4. 算法管理者

我感到很压抑，我的大脑似乎不再被需要了。我就像个傻瓜一样坐在那里盯着那个该死的东西。我习惯了掌控一切，自己做规划。现在，我感觉有人替我做了所有决定。我觉得自己被降级了。[1]

——1970 年，刚刚实施了自动化的
通用电气工厂里的工人

每个工作日，康纳·斯波尔（Conor Sprouls）都会去美国罗得岛州沃里克的呼叫中心上班，他是大都会人寿的客户服务代表。[2]当他走到办公桌前启动电脑时，一个蓝色的小窗口出现在他电脑屏幕的右下角。

这个蓝色窗口是 Cogito，一款基于应用程序的"人工智能教练"，大都会人寿用它来监控其人力客户服务代表。每次斯波尔接到电话，Cogito 都会在线监听，并向他提供实时反馈。如果应用程序检测到他说话的速度太快，窗口就会有一张里程表的图片闪烁起来，以提醒他放慢速度。如果他的声音听起来像是犯困了，窗口就会闪现一个咖啡杯图标来让他精神起来。而且，如果出于某种原因，Cogito 认为斯波尔与客户沟通不畅，那么窗口可能会给他显示一个心形图标（一个"同理心提示"），以鼓励他体会客户的情绪状态。

在想象经典的工作场所自动化情形时，出现在我们脑海里的大多是机器在人的监督下做一些低级别的繁重工作。但是，在如今的很多工作场所中，人工智能已经被提升为中层管理人员。在客户服务、银行、餐饮服务等行业，软件现在承担着员工培训、质量监控和绩效评估等监督性的工作，所有这些工作过去都是由人来完成的。

算法管理者的想法并不新鲜。在 20 世纪，流程优化工具被用来从制造业工人身上榨取额外的效率，服务业的工人在使用动态调度软件方面拥有数十年的经验，比如 Kronos 就被用来根据企业预测的人员需求设置工人的班次。但是，人工智能和机器学习使得将更高级别的管理任务外包给机器成为可能。亚马逊使用复杂的算法来跟踪仓库工人的生产率，据报道，该算法甚至可以自动生成解雇工人所需的文件，而这些工人被算法认定为表现欠佳。[3] IBM 在员工绩效评估中使用了其人工智能平台沃森，这意味着你的奖金可能不仅取决于你去年的表现，还取决于算法预测的你明年的表现。[4]优步和来福车等共享平台完全摒弃了人工监管的理念，将支付、调度和争议解决等决策都交给了算法。

算法管理已经成为一个利润丰厚的行业。除了 Cogito，还有很多面向零售业的人工智能公司，比如 Percolata，这家硅谷初创公司的客户包括优衣库和 7-11 便利店，它们使用店内传感器来计算每名员工的真实生产率得分。[5]另一家人工智能初创公司 Beqom 可以自动计算员工薪酬和年终奖金。而 Nexus AI 是一个员工管理系统，经理可以根据系统计算出的特性（如"高绩效"和"好相处"）将员工分为不同的团队。

当我拜访大都会人寿的呼叫中心时，Cogito 软件获得的权力之大令我印象深刻，尽管它仍然相当新。该应用程序跟踪每一名客服代表收到的通知数量，这些通知会被汇总成一个分数，供经理用来跟踪他们在一段时间内的绩效表现。（客服代表不被允许将屏幕上的 Cogito 窗口最小化，否则该程序会提醒他们的主管。）每一名客服代表都有一名人工经理，尽管公司向我保证，在薪酬和绩效评估等方面，Cogito 的分数从来没有被作为决定因素，但大都会人寿的全球运营负责人克里斯·史密斯（Chris Smith）告诉我，Cogito 可以帮助公司纠正表现欠佳的员工。

史密斯说："有一位同事，我们看到她的通话时间比通常情况要长几分钟。在收听了Cogito的记录之后，我们发现她在重复一些不需要重复的信息。"

通过让1 500多名呼叫中心员工使用Cogito软件，大都会人寿表示，该应用程序使客户满意度提高了13%。我在拜访期间交流过的大都会人寿客服代表们似乎也并不为此感到难受。（当然，陪同我的是该公司企业公关团队的一名高级职员，因此员工们可能一直处于最佳工作状态。）在大多数情况下，人工智能似乎有点儿令人生厌，但还算可以忍受。

"在软件刚刚推出的时候，有些人担心，'哦，每次通话这个东西都会对我大喊大叫'，但我们没有那种感觉，"斯波尔告诉我，"我认为，归根结底，这只是一项很酷的技术。"

另一位大都会人寿客服代表托马斯不太喜欢Cogito。他说："一开始，这个软件给我发了很多通知，因为它正在习惯我的声音。"特别是，该应用程序经常标记他为"连续讲话"，并提示他要允许客户插话。但即使在他这么做了之后，应用程序仍然会提醒他一些他认为自己没有做错的事情，比如说话速度太快或者没有表现出同理心。

他说："有时它会突然弹出，我就不理它，因为我知道自己没有做错。"

算法管理的捍卫者们在一点上是对的，即很多人类老板自身都有缺陷。他们经常做出轻率的决定，他们会突破界限、厚此薄彼，他们可能既自负又残酷。理论上说，自动化可以取代最糟糕的人类老板，并通过配备更好的工具和信息来让好老板变得更好。

一些初创公司正致力于此。由谷歌前高管拉兹洛·博克（Laszlo Bock）创办的 Humu 公司正试图利用人工智能来提高管理人员的能力，他的客户包括 Sweetgreen 和 OfferUp。[6] 该公司整天都在向经理们发送电子邮件和短信，提醒他们做一些事情，比如更清楚地解释他们的决定，并向员工提供更直接的反馈。其他的一些应用程序，比如 Coach Amanda、Butterfly 和 QStream 等，正在打造类似的自动化经理培训系统。

这些程序是否能长期有效仍然是未知的。但我们确实知道，如果在没有足够的人力监督的情况下实施不透明的管理算法，那么麻烦往往随之而来。Instacart 和其他共享服务公司的员工举行了协调一致的"罢工"，以抗议一些有争议的公司政策，比如 Instacart 应用程序中的一个设置将客户的小费置于强制性最低消费之外，而不是将其包含在最低消费之内。[7] YouTube 的全职内容创作者可能是地球上最直接由机器管理的人，他们已经开始剖析该平台至关重要的推荐算法，并抱怨该算法对他们的频道造成的影响。2019年对优步司机的一项研究发现，他们中的很多人都因算法管理而感到沮丧，并觉得被剥夺了人性，从工资到绩效评级的所有事情都由不透明的、难以理解的机器决定。[8] 该研究发现，很多司机采取了各种形式的不服从行为，比如与其他司机协调，通过人为地触发某个特定区域的价格飙升来操纵系统。

随着机器在组织中获得越来越多的权力，像这样的操纵可能会变得越来越普遍。未来，我们所有人都可能会觉得自己更像 YouTube 的内容创作者和优步司机，受一台变幻莫测的机器摆布，这台机器有能力改变或毁掉我们的职业生涯。职场中的人工智能不仅会雇用和解雇我们，还会指导我们的日常工作，在我们犯错的时候纠正我们，在我们表现良好的时候表扬我们。"玩弄办公室政治"将意味着"对一款劳动力管理软件进行逆向工程"。"恶劣的工作环境"可能是一款缺乏训练的机器学习模型导致的结果，而不是因为一位滥用职权的老板。对员工来说，最好的出路是接受这些机器的权威性，还是挑战它？这将是一个悬而未决的问题。

5. 小心无聊的机器人

您的行为表明，您故意误导或隐藏信息，以获取您无权获得的利益……根据《小额金融服务法》第 62（b）节的规定，您没有资格享受此福利。[1]

——密歇根州的一位居民收到的一封信，
他被该州失业保险机构使用的欺诈检测算法
MiDAS（密歇根州综合数据自动化系统）
错误地终止了福利

想象一下你能想象到的最恐怖的机器人。也许它看起来像终结者——一种装备了武器的人形杀人机器；也许它看起来像一辆失控的自动驾驶汽车，载着人撞到墙壁上或飞跃悬崖；或者它看起来像一只（令人恐惧的）四足机器狗，在病毒式传播的网络视频中出现，做一些踢球和跑酷的动作。

这类机器人是我们社会中最可见的自动化实体代表，也是我们在担心被机器超越或威胁时，通常会想到的那种机器人。

但是我相信，至少在短期内，更大的风险将来自没有人关注的自动化形式。

我称这些为"无聊的机器人"（boring bots）。我认为需要注意两种主要的类型。

第一类我称为"官僚机器人"（bureaucratic bots）。这类机器人是没有身份的匿名算法，政府部门、金融机构、医疗健康系统、刑事法院和假释委员会利用它们来做出一些重要的、改变生活的决策，但它们很少像亚马逊和谷歌等公司开发的面向消费者的自动化产品那样引起同样的关注或审查。

奥尔巴尼大学的政治学教授弗吉尼亚·尤班克斯（Virginia Eubanks）在她的著作《自动不平等》（*Automating Inequality*）中研究了官僚机器人的兴起，以及美国州政府和地方政府如何利用它们来实现自动化流程，确定低收入居民获得住房券、医疗援助和其他关键福利的资格。[2] 她写道，这些系统的设计和管理有些草率，常常会给一些人带来"卡夫卡式"的噩梦，人们试图弄清楚，为什么一种算法会将他们踢出医疗补助计划或拿走他们的食品券。

有时，就像在美国密歇根州失业保险案例中一样，官僚机器人的错误被人类抓住，并在随后得到纠正。（代表大约4万名密歇根州居民的集体诉讼仍在法庭上悬而未决，他们被 MiDAS 算法错误地剥夺了福利。一项州级审查后来发现，MiDAS 有 93% 的错误率。）但这些错误往往会带来改变人生的后果。2007 年，美国加州卫生部使用的自动系统出现故障，错误地剥夺了数千名低收入老年人和残疾人的福利。[3] 在美国俄亥俄州，一项为期一年的项目旨在彻底检查该州的福利处理软件，该项目导致数千名居民被错误地剥夺了补充营养援助计划（SNAP）的福利，或者将必要的表格邮寄到了错误的地址。[4] 在美国爱达荷州，医疗补助管理系统中的一个有缺陷的自动化流程导致成千上万的精神和身体残疾者在没有解释的情况下被大幅削减福利。[5]

尤班克斯写道，在很少有人监督的情况下，将人们置于官僚算法的支配之下，"破坏了社会安全网，给穷人定罪，加剧了歧视，并损害了美国最深层的国家价值观"。她是对的，随着诸如此类的重要系统变得高度自动化，糟糕的编程或缺乏适当的监管会导致改变人生的错误，这种风险只会增加。

第二类令人担忧的自动化，我称为"后台机器人"（back-office bots）。这类机器人是一些应用程序，可以执行任何大型组织运作所必需的琐碎、无趣的工作。如果你在一家大公司工作，那么你可能会想到一个拥有运营协调员或福利管理员头衔的人，这些正是后台机器人要取代的人。

很多这类应用程序属于RPA（机器人流程自动化）的类别。AA公司就是一家重要的RPA供应商，本书第一章就详细介绍了这家公司召开的会议。还有一些你可能从未听说过的公司，比如UiPath、Blue Prism和Kryon，都是这类供应商。这些公司的估值总计达几十亿美元，它们发展得如此之快，以至于大型科技公司也开始涉足RPA业务。2019年，微软宣布，作为进入RPA市场的一部分（一个忠告，你可能需要双份浓缩咖啡才能在看后面这句话时不犯困），该公司正在将"端到端自动化解决方案"添加到其基于云的Power Automate（低代码自动化平台）上，该解决方案将"用户界面流的功能与Power Automate预置的连接器相结合，以支持超过275款广泛使用、支持API（应用程序接口）自动化的应用程序和服务"[6]。

这不是那种在人工智能会议上获奖或在同行评议期刊上发表的激动人心的成果。没有人会在"超级碗"广告中宣传关系数据库插件。事实上，一些计算机科学家认为RPA根本不能被称作人工智能，因为它通常涉及静态的、基于规则的程序，而不是自主学习的自适应算法。

尽管如此，这些无聊的机器人代表了一种节省成本的技术，企业愿意花大价钱购买。据估计，RPA是人工智能行业中增长最快的细分领域之一，预计到2025年，RPA将成为一个价值 60 亿美元的行业。RPA 供应商的网站上充斥着各种闪耀的"成功案例",这些都来自使用其产品的大公司。

> Sprint(无线运营商)在 6 个月内就完成了 50 个业务流程的自动化。
>
> 第一人寿保险每年能节省 132 000 小时。
>
> 信用报告巨头凭借 RPA 实现了 600% 的生产率提升。

这些案例研究的措辞十分谨慎,往往避免提及岗位削减或裁员。(请注意,他们说的是"节省 132 000 小时"之类的话,而不是"取代财务部的 65 个人"。)但关注 RPA 行业的人(这样的人很少,因为这件事无聊到令人难以置信,这一点怎么强调也不为过)告诉我,失业几乎总是这个方程式的一部分。

弗雷斯特市场咨询公司的分析师克雷格·勒·克莱尔(Craig Le Clair)早在 2015 年就听说 RPA 了。[7] 他知道有一些公司在技术上投入了巨资,但当他开始与《财富》500 强企业的高管们交流时,他感到很震惊,这些人竟然花这么多钱向一些没人听过的公司购买替代工人工作的机器人。

"我看到一些企业花费 2 000 万美元来实施这种自动化,"他最近告诉我,"如果你去跟你的邻居或者街上的任何人交流,然后问：'你知道什么是 RPA 吗？'答案会是否定的。他们对此一无所知。"

勒·克莱尔注意到，这些 RPA 公司没有做任何特别花哨的事情。他说，大多数时候它们"只是编制一个脚本来完成员工在后台做的事情"。但大企业高管们喜欢这些机器人，因为它们可以被嵌入现有的软件程序，并在不重建整个技术基础设施的情况下自动完成工作，而这原本可能需要数年时间和数十亿美元的成本。

他说："你可以去参加这些会议，在角落里跟首席财务官们交谈，然后问他们：'你们到底在用这些东西做什么？'而他们正在将员工送走。你可以打造一个每年花费一万美元的机器人，并送走 2~4 名员工。"

勒·克莱尔怀疑，在 RPA 的影响下面临失业的后台员工的人数比这些高管透露的要多得多，可能多出数百万。克莱尔也不认同那种典型的说法，即这些机器人改善了员工的工作，而不是清除了工作机会。他注意到一些大企业高管公开宣称，一旦员工的工作实现了自动化，他们就会被转移到其他部门，然后在几周或几个月后，公司会悄悄解雇他们。他和他的同事们整理了一些数据，估计到 2030 年，RPA 和其他形式的自动化可能会清除超过 2 000 万个美国的工作岗位。

无聊的机器人对员工来说有明显的风险：裁员、丧失福利、保险索赔被拒。它们在宏观经济层面上也是危险的，不是因为它们太强大，而是因为在某种意义上它们还不够强大。

在过去几个世纪的重大技术变革中，我们从未经历过大规模失业，部分原因是，尽管变革性新技术摧毁了一些工作机会，但它们提高了生产率，并在经济的其他领域创造了更多的劳动力需求。集装箱运输让一些码头搬运工人失业，但它让货物在世界各地的运输变得更加便宜，这促进了全球贸易，降低了各种消费品的价格。这些低价格反过来又吸引了消费者购买更多的东西，并在生产这些东西的公司创造出更多的工作机会。

但近年来，我们实施的很多自动化并没有让我们变得效率更高。

在 2019 年的一篇论文中，麻省理工学院的达龙·阿西莫格鲁和波士顿大学的帕斯夸尔·雷斯特雷波创造了"马马虎虎的技术"一词，来描述这种足以取代人工但不足以创造新工作的机器。[8] 他们写道，马马虎虎的自动化是我们真正应该担心的那种，因为它让雇主可以用机器代替人工，而无法在其他方面实现重大的生产率提升，以及创造出更多新的工作。

阿西莫格鲁和雷斯特雷波写道："威胁就业和工资的不是'卓越的'自动化技术，而是'马马虎虎的技术'带来的生产率小幅提高。"

马马虎虎的自动化的一个例子就是杂货店的自动结账机。任何购物者都可以告诉你，这些机器的确马马虎虎。它们经常会坏掉，常常扫描出错、称重出错，收银员不断被叫去进行手动操作。这些机器不会让杂货店的生产率提高 10 倍，也不会从根本上增加我们购买食品或其他杂货的数量。它们所做的只是将劳动从员工身上转移到顾客身上，让杂货店老板可以稍微少雇一些人。

另一个马马虎虎的自动化的例子是自动呼叫中心。用自动化系统取代人工客服代表不会从根本上增加公司的销售额，也不会提高产品质量。它所做的只是让公司可以缩小"成本中心"，即用更少的人做同样多的工作，并将解决问题的负担转移给客户。

尽管自动化和机器人技术取得了进步，但马马虎虎的自动化浪潮可能解释了为什么美国的经济生产率近年来没有获得大幅提高。与直觉相反，这意味着，如果你主要关心的问题是人类因机器人而失业，那么你可能会希望机器人具备更多的能力，而不是更少的能力。

鉴于无聊的机器人可能会给人们获得基本服务所依赖的系统、程序以及整个劳动力市场带来麻烦，是时候更新我们对人工智能危险的心理印象了。就目前而言，虽然听起来很奇怪，但我们可能不应该再担心杀手机器人和神风敢死队无人机了，而是应该开始担心那些普通、平庸的应用程序和服务，这些应用程序和服务可以让公司处理工资单的效率提高 20% 以上，或者用更少的人工来确定福利受益人的资格。

我相信，就像尤班克斯和勒·克莱尔这样的专家一样，我们低估了无聊的机器人对我们的危害性。

第二部分

法　则

法则 1　成为意外的、社会化的和稀缺的人

即使对最好的机器，你也无法赋予它主动性；最令人愉快的蒸汽压路机也不会种花。

——沃尔特·李普曼（Walter Lippmann）

美国新闻评论家、作家

1821 年 6 月 23 日，一个名叫威廉·洛维特（William Lovett）的 21 岁英国人带着 30 先令来到伦敦，他想寻找一个新的起点。

洛维特是来自纽林的工人阶级孩子，而纽林是英国西南端的一个渔村。[1]十几岁时，他曾在当地一家制绳厂当学徒，并计划成年后从事制绳行业。制作绳索不是世界上最有声望的工作，但这是一份稳定的工作，洛维特从中找到了满足感和目标。

对他来说，不幸的是工业革命正在进行中，一项新开发的技术（金属链）正在扰乱制绳行业。因为客户选择了更坚固、

更耐用的材料，而这种材料可以由城市工厂里的大型蒸汽动力机器批量生产，所以绳索的销售量大幅下降。在找不到稳定的制绳工作之后，洛维特意识到自己在少年时代磨炼出来的技能已经过时了。

他并不孤单。在整个英国，工人们已经开始接受自己变得无关紧要的现实。工业机械颠覆了铁匠、农民和其他体力劳动者的职业，并导致成千上万名工匠丢掉了工作。一些工人，包括曼彻斯特的一个砸碎了机器的纺织工人联盟，奋起反抗这些变革，他们后来被称为卢德分子。而包括洛维特在内的其他人开始寻找新的工作。

转行并不容易，洛维特也经历了几次失败的尝试。他曾去一艘渔船上担任水手，但很快发现自己晕船。他为一名木匠工作，但在木匠的几名年轻学徒抱怨洛维特不适合从事这个行业之后，他很快就被解雇了。

洛维特感到越来越绝望，他收拾好行李，告别家人，然后出发去了伦敦。他希望，在那里能有一个崭新的未来在等着自己。

———————

也许你曾面临过这样的时刻，即有那么一刹那，你感觉未来从身边匆匆而过，而你担心自己一生所积累的技能突然变得一文不值。

我的这个时刻出现在 2012 年。我那时 20 多岁，为《纽约时报》报道华尔街和股票市场。当时，报业正在急剧衰退，似乎像记者这样的工作随时都可能消失。我在新闻界的很多朋友都被解雇了，很多印刷出版物已经倒闭或只在网上发行，并且不断有关于"下一块多米诺骨牌"倒下的谣言。

有一天，我读到一则关于一家初创公司的故事，这家公司正在开发一款人工智能报道工具，此工具基于一个被称为NLG（自然语言生成）的流程，可以提取结构化数据，比如来自公司收益报告或房地产价格数据库的统计数据，并在几毫秒内将其转化为完整的新闻报道，无须人工的记者或编辑参与。

这些机器人记者没有赢得过什么普利策奖，但它们从未延迟交稿，它们的生产率令人震惊。一款 NLG 应用程序——"语言大师"（Wordsmith）的开发商声称，该程序在一年内生产了3 亿条新闻，比地球上所有记者写新闻的数量总和还要多。[2]一家名为"叙事科学"（Narrative Science）的公司开发的另一款应用程序被"十佳网"等体育网站用来将比赛得分和球员信息转换成自动生成的赛事精华。[3]像美联社、《福布斯》和路透社这样的主流媒体公司正在忙着签约，希望将人工智能记者引入其新闻编辑室。

当我第一次听说这些人工智能报道应用程序时，我不认为它们会对人类记者构成威胁。我认为，电脑可能会接管新闻业中那些更普通、更常规的工作，比如事实搜集、数字运算和我们都不喜欢写的公式化新闻，但它永远无法完成我们的工作中更具创造性、更人性化的部分：构思新闻创意、从不情愿的信息源那里搜集内容，或者以一种容易理解的方式解释复杂的问题。

但是，当我进行更加深入的思考时，我开始担心自己一直在自欺欺人。毕竟，我写过很多公式化的新闻故事，包括撰写公司赢利报告、汇编最新的经济数据等。我的某些工作充满创造性和复杂性，但其他一些工作的目标只是尽可能快速准确地传递信息。

当我对这些应用程序进行了更多的思考，并将它们与我自己的输出成果进行比较时，我开始怀疑自己是否过于自信了。我想有一天，也许机器人真的可以取代我。

————————

多年来，传统观点认为，如果机器代表未来，那么我们自己也需要变得更像机器。

当我 2009 年大学毕业时，专家们的普遍建议是，年轻人需要发展"硬技能"，比如学习计算机科学和工程学，这将让他们在就业市场上占据优势。我们被告知，STEM 学科（即科学、技术、工程和数学）代表着未来，学习哲学、艺术史或其他一些"即将被淘汰"的学科基本可以保证让你过上贫困和边缘化的生活。

政界和商界的领袖们强化了这种对人文学科的嘲讽态度，他们担心，美国没有为足够多的毕业生配备适合 21 世纪经济发展的就业技能。风险资本家、网景公司的联合创始人马克·安德森（Mark Andreessen）在 2012 年的一次技术会议上说，大多数英语专业的学生"最终会在鞋店工作"[4]。风险投资家、太阳微系统公司的联合创始人维诺德·科斯拉（Vinod Khosla）在 2016 年的一篇博文中宣称："如今文科课程教授的内容很少与未来相关。"[5] 就连美国前总统奥巴马也认为，人文学科正在变得无关紧要，他在 2014 年的一次演讲中说："我向你保证，与拥有艺术史学位的人相比，具备熟练的制造或贸易能力的人拥有更大的潜力。"[6]

"STEM 至上主义者"在宣扬硬技能的价值，与此同时，"生活黑客"的概念开始风行。这一趋势在硅谷的工程师中尤其流行，其背后的假设是，我们的身体和思想可以得到优化和改善，就像你可以加速一台运行缓慢的计算机一样。人生教练和社交媒体大师们大肆宣传个人生产力，并建议人们消除日常生活中所有的浪费和低效。像 Lifehacker 和 Medium 这样的网站提供了丰富的生活技巧，囊括从记日志到喝 Soylent（代餐饮料）的一切行为，我们痴迷于各种最新的方法，以完成更多的工作。所有这些建议背后的潜台词都是一样的：你的人性是一种缺陷，而不是一种特性。

多年来，至少从理性和经济的意义上讲，这一说法基本上是准确的。19 世纪和 20 世纪的工业经济需要工人们以高度一致的水平完成重复性的工作，在工厂环境中，人的个性可能是一种负担。亨利·福特（Henry Ford）有一句关于他的工厂工人的著名哀叹："为什么每次我需要一双手时，它们都附带着一个脑子？"这也是很多旧经济时代大亨的感受。白领知识工作者从事的是认知劳动，而不是体力劳动，但他们在追求巅峰表现的过程中也常常因为压制自己的天性而受益。

但是，当我开始更多地报道人工智能和自动化时，我从不同的专家那里听到的有关现代经济的观点基本上是完全相反的。

这些专家说，在高度自动化的经济中，最有价值的是那些能够将工人与机器区分开来的人类技艺和能力。他们说，我们不能将自己当作需要调试和优化的生物硬件，而是要发展出机器无法复制的独特的人类技能。

这个结论有一定的道理，也促使我做了其他相关研究。我发现，在整个历史上，在技术快速变化时期取得成功的人并不总是掌握了高科技的工程师和程序员。通常，他们是从事机器无法复制的低技术、高人工参与度工作的人。

例如，在18世纪和19世纪的工业革命期间，工厂工作蓬勃发展，但是对教师、牧师、土木工程师及其他专业人员的需求也出现激增，这些人能够为新的、更密集的城市人口提供服务。在20世纪中叶的制造业自动化繁荣时期，由于生产实物商品变得更加便宜和高效，更大比例的经济活动转移到了教育、医疗健康等领域，在这些领域，没有太多的机器人或花哨的机器来完成工作。在过去的几十年里，随着科技公司开始接管经济，美国一些增长最快的职业的情况完全类似，比如按摩治疗师、语言病理学家、动物护理员等。

当我探究这些趋势时，很明显，为了找出未来的生存策略，我需要从理解今天的机器与人类相比的弱点开始。所以，我向专家们提出了一个问题：与最先进的人工智能相比，人在什么方面能够做得更好？

法则1　成为意外的、社会化的和稀缺的人

意外的

我学到的第一件事是，一般来说，在静态的、规则定义明确的、输入一致的稳定环境中，人工智能要比人类表现得更好；而在处理意外的、填补空白的或规则定义不明确的、信息不完整的环境中，人类的表现要比人工智能好得多。

举例来说，这就是为什么计算机可以在国际象棋方面击败人类特级大师，却会是一个非常糟糕的幼儿园老师。这也是为什么像 Siri 和 Alexa 这样的虚拟助手能够很好地回答简单、结构化的问题（"下周二纽约的天气怎么样？"），这些问题来自具体的数据集，但当遇到需要处理不确定性或从不完整的数据中得出推论的问题（"格兰姆西公园附近哪家餐厅的汉堡真的很好吃？"）时，它们就会傻掉。

即使很小的意外也会让人工智能出现严重错误。在 2018 年的一项实验中，一组人工智能研究人员测试了一种深度神经网络，并训练它识别客厅照片中的物体，该系统可以帮助谷歌照片等应用程序识别图片中的物体和人脸。[7] 在学习了数百万张照片之后，人工智能正确地识别了房间里的物体：椅子、人、书。然后，研究人员将一个意外的物体放入客厅——一头大象的微小图像，并再次运行该模型。这一次，结果简直是一场灾难。人工智能将椅子标记为沙发，将大象误认为椅子，并错误地标记了它之前正确识别的其他对象。一个异常物体的出现不仅使人工智能陷入僵局，而且似乎使人工智能陷入精神崩溃状态，似乎让它忘记了自己学到的一切。

这种事情不会发生在人的身上。当我们看到意料之外的东西时，我们会采取双重行动：备份并重新处理视觉信息，对它可能代表的内容进行不同的假设。但是，当今的人工智能做不到这一点。由于它们没有关于世界以及人类如何与之互动的整体模型（我们可以称之为"常识"），大多数人工智能依赖于大量可使用的高质量示例。

有些类型的人工智能不需要一大堆标记数据，比如无监督学习，这是一种让算法在混乱的大规模数据集中寻找模式的技术。有些类型的人工智能在处理新情况方面也变得越来越好。但是，它们仍然离轻松应对很遥远。这意味着，善于处理意外情况的人类仍然有其优势，他们可以在危机中保持冷静，能够处理棘手的问题和应对新奇的场景，即使在没有具体计划的情况下也能推进。

对那些工作情况不断变化的人来说，这是一个好兆头。职业治疗师、警探、急诊室护士，这些工作看起来很少每天完全相同，真正重复的内容也很少。

但是，对结构性很强、重复性很高的工作，如数据录入员、信贷员或税务审计员来说，这不是一好兆头。一位人工智能专家这样对我说："如果你能为你的工作写一份用户手册，把它交给别人，然后那个人就能在一个月或更短的时间内学会做你的工作，并且完成得跟你一样好，那么你很可能会被一台机器取代。"

社会化的

我学到的第二件事是，虽然人工智能确实擅长满足我们的很多物质需求，但人类更擅长满足我们的社会需求。

在生活的某些领域，只有结果才重要。我们真的不在乎驾驶地铁的是人还是计算机，只要它安全高效地把我们送到目的地就行了。只要包裹能完好无损地按时到达，很少有人会反对机器人在仓库里处理包裹。

但是，生活中的很多事情并非冷冰冰的货币与商品及服务的交换。

人是社会生物。我们喜欢感受彼此之间的联系，并与周围的人进行有意义的互动。我们非常在乎自己的社会地位，以及别人对我们的看法。我们每天做出的很多选择，即使看似平凡的选择，比如我们吃的食物或穿的衣服，实际上也与我们的身份、价值观和我们对人际关系的需求密切相关。

实际上，这意味着，满足我们社会需求的工作将很难自动化，比如调酒师、发型师、飞机乘务员、心理健康工作者等。与那些主要技能是高效生产或高效做事的人相比，擅长创造社交和情感体验的人更适合未来。

情商的价值在护理、教学等工作中已经表现得很明显了。但是，随着人工智能和自动化进入更多的领域，让人们感到相互联系并具有社会成就感也将成为这些领域的高价值技能。优秀的律师将变得更像法律问题"治疗师"，他们与客户建立信任，并帮助他们解决问题，而不是简单地写简报和做研究；医生受欢迎的程度将取决于他们与患者的互动方式，而不是他们对最新治疗方案的了解程度；成功的程序员不仅仅是擅长写代码的特立独行的天才，他们还可以领导团队，进行战略性思考，并向非程序员解释复杂的技术概念。

这并不是说，在人工智能和自动化时代，技术技能或基本能力不再重要，只是说，对于我们工作中很多基本的、重复的工作，当机器能够完成或者比我们做得更好时，留给我们的将是社会和情感的部分。

你已经可以看到这种转变发生在很多行业。在 Kayak、Expedia 和 Orbitz 等在线旅游服务公司崛起的情况下，幸存下

法则1　成为意外的、社会化的和稀缺的人

来的旅行社在很大程度上都专注于为旅行者创造独特的体验，比如荒野冒险、烹饪课、纯正的民宿，而不是仅仅为他们找到最便宜的酒店房间。在广告业，大部分日常的媒体采买工作现在都可以通过编程算法来完成，其余的很多工作都在创意、客户服务和影响力营销等方面，在这些领域，理解人的愿望并与他人密切合作是成功的关键。

一个很好的通用法则是，能让人"感受"某些事情的工作比仅仅涉及"制作"某件东西或"完成"某些事情的工作要安全得多。

稀缺的

我学到的第三件事是，人工智能在大规模工作中的表现要比人类好得多，比如涉及大量数据集、大量用户或全球规模系统的工作。如果你需要生产100万件产品，或者在10万个数据点中找出模式，那么这份工作可能已经可以由机器来完成，或者即将交给机器来做。

相反，在涉及不同寻常的技能组合、高风险情况或非凡天赋的工作中，人的表现要比人工智能好得多。我称这种类型的工作为"稀缺的"工作，但并不是因为这类工作的数量很少。

这类工作的自动化要么不切实际，要么无法被社会接受，因为其需求缺乏持续性、可预测性。

　　大多数人工智能是为了解决单个问题而开发的，当你要求它做别的事情时，它就会失效。学会做出世界级视频推荐的人工智能，通常不能用于审计财务报表或过滤垃圾邮件。到目前为止，人工智能在所谓的"迁移学习"方面表现不佳，即使用解决一个问题时获得的信息来做其他事情也是如此。（这条法则的例外情况是深度学习算法，比如，谷歌旗下的 DeepMind 公司开发的人工智能 AlphaZero 通过与自己进行数百万次的对弈，在几个小时内学会了下国际象棋和围棋，并达到了世界级的水平。但是，即使是 AlphaZero 也仅限于游戏领域，比如，它就不能清理水槽。）

　　相比之下，人是伟大的连接器。我们在生活的某个领域发现了一个问题，并利用我们在做一些完全不同的事情时学到的信息来解决它。我们可以采纳中学时老师给我们提供的一条建议，并将它应用到几十年后的生活情境之中。我们混合不同的创意，融合不同的流派，并在头脑中储存大量随机的、完全不同的信息，随时准备好将它们拼凑在一起。

　　博客网站"大脑选择"（Brain Pickings）的创建者玛丽亚·波波娃（Maria Popova）称这种特性为"组合创造力"。[8] 她

法则1　成为意外的、社会化的和稀缺的人

081

写道，历史上的许多重大突破不是由高度专业化实现的，而是由两个或多个不同领域的见解结合而成的。她引用了爱因斯坦的话，他说拉小提琴有助于他在研究物理问题时连接大脑的不同部分。她还提及了在俄罗斯出生的小说家弗拉基米尔·纳博科夫（Vladimir Nabokov），他认为自己搜集蝴蝶的爱好使得作品更加详细和精确。

目前，组合创造力是人类独有的技能。这意味着，拥有不同寻常的技能组合的人，比如拥有数学学位的动物学家，或者对民间音乐了如指掌的平面设计师，将在人工智能面前占据上风。

另一种很难自动化的稀缺性工作，涉及罕见或高风险的情况，容错性很低。

大多数人工智能以迭代的方式学习，也就是说，它一遍又一遍地重复一项任务，每一次重复都让它变得更正确一点儿。但是在现实世界中，我们并不总是有时间运行 1 000 次测试，而且我们凭直觉知道，有些事情太重要了，不能委托给机器。当我们拨打报警电话时，我们希望有人接听我们的电话，而不是转到自动接听服务；当一对订婚的夫妇想确保婚礼的每个细节都顺利进行时，他们会雇用一名婚礼策划人，而不是一家自动化后勤服务公司；当婴儿要出生时，即使虚拟产科医生在 99% 的情况下都可以完成这项工作，我们还是希望有一名人类医生在场，以防出现差错。

稀缺的工作还包括需要人的责任感或情感宣泄的工作。当我们的健康保险公司错误地拒绝承保索赔，或者爱彼迎的客人损坏了我们的房间时，我们不想在门户网站上填写表格，我们想向人投诉，并让问题得到解决。

最后一种稀缺的工作几乎肯定不会被自动化，这种工作需要非凡的才能。世界级的运动员、获奖的厨师以及拥有杰出表演或歌唱能力的艺术家都属于这一类。基本上，如果有人愿意付费看你工作，那这份工作就可能是安全的。

这些工作不太可能自动化的原因，与其说是技术的局限性，不如说是我们自身的内在需求。不管人工智能多么出色，人类仍然需要榜样，而我们也希望受到人类卓越表现的启发。这就是为什么我们为奥运会游泳运动员欢呼加油，尽管快艇的速度更快。这也是为什么我们会花钱去看我们最喜欢的乐队进行现场表演，即使我们可以在家里免费播放其音乐。我们喜欢见证人类的伟大，我们还不能接受那些机器替代品。

————————

当思考这些结论时，我意识到，在第一次面对自动化的恐慌之后，我无意中让自己的工作变得充满意外、更加社会化，以及更加稀缺。

我已经不再写公式化的公司赢利新闻，而是开始写需要更多创造力和展现自己更多个性的报道，去写能够让读者有所感受的新闻内容，而不是简单地传达信息。我离开了华尔街，开始撰写技术相关的文章，并花了几个月时间深入边缘的互联网社区，这给了我一个相对稀缺的知识体系，我可以用它来推进职业生涯。我也开始扩充自己的新闻工具包，包括制作和共同主持一档电视节目、制作一档播客节目等，这些给了我更多可能的技能组合，它们可以在一个项目中发挥作用。

当我做出这些改变时，我开始注意到其他人的例子，他们通过让自己的工作变得充满意外、更社会化或更稀缺而取得了成功。

以我的会计师为例。他叫罗斯·加罗法洛（Rus Garofalo），每年4月都给我报税。罗斯不是一个典型的报税人，他曾是一名脱口秀演员，他把自己的喜剧敏感性带到了工作之中。（他公司的名字叫"紧急税务"①——明白了吧？）

罗斯知道，在网上免费报税的时代，作为一名人类会计师，

---

① Brass Taxes（紧急税务）与俚语 Brass Tacks（当务之急）同音。——译者注

唯一的生存之道是在税务专业知识之外提供一些别的服务。所以，他雇用了一群同样有趣、风度翩翩的会计师，并为他们所有人支付即兴喜剧课程的费用。他开始寻找那些在创意领域工作的客户，比如演员和艺术家，这类客户的纳税申报单往往更为复杂，并且他们希望有一个真正的人来指导他们完成这个流程。

从技术上讲，我应该担心罗斯，因为报税是一个非常容易自动化的职业。（事实上，根据牛津大学最近的一项研究，这项工作有 99% 的机会实现自动化。）但我并不担心罗斯，因为他已经找到了一种方法，可以将自己的服务从日常事务变成一种意外的、社会化的、稀缺的体验，包括我在内的很多客户都乐于为此买单。我问罗斯，他这样做是不是故意的，因为他知道机器人会来取代他的工作。他说确实如此，回答得直截了当。

他告诉我："很多报税人希望客户放下文件就转身离开，然后给他们寄一张 400 美元的支票，这是理想的市场效率，但这也是网上免费报税消灭报税人工作的原因。我们在其中增加的核心价值是我们与客户之间的对话。"

我还发现了一些例子，这些企业没有明显受到自动化的威胁，但它们意外的、社会化的和稀缺的工作方法帮助它们抵御了其他类型的风暴。

比如马库斯书店。这是我家乡奥克兰的一家独立的黑人书店，是美国最古老的黑人书店，也是一个有着 60 年历史的神奇地方，这家书店向奥克兰人介绍了托尼·莫里森（Toni Morrison）和玛雅·安吉洛（Maya Angelou）等杰出黑人作家的作品。

但也许最神奇的是，马库斯书店还在经营着。美国加州湾区剩下的独立书店已经非常非常少了，几乎没有黑人拥有的书店能够在亚马逊和互联网的冲击下生存下来。

那么，它是怎么做到的呢？这并不是因为它的价格最低，或者有最灵活的电子商务系统，而是因为马库斯书店不仅仅是一家书店，而且是一个社区中心，一家挤满了善良员工的书店，这些员工实际上已经阅读了自己所推荐的图书。这里还是一个安全的地方，黑人顾客知道他们不会被周围的保安跟踪或搜身检查。最重要的是，这是一个拥有联合创始人布兰奇·理查森（Blanche Richardson）所说的"良好氛围"的地方。

2020 年初，当新冠肺炎疫情袭击加州湾区时，马库斯书店被迫暂时关闭大门。像很多别的企业一样，它也面临着不确定的未来。但是，社区给了它支持，创建了一个 GoFundMe（众筹平台）的页面，并筹集资金让书店继续运营。

然后，5 月，手无寸铁的黑人乔治·弗洛伊德（George Floyd）在美国明尼阿波利斯被警察杀害。美国很多城市的街道上满是抗议者，来自全美各地的订单开始涌入马库斯书店，人们都希望支持它的使命。书店的销量达到新冠肺炎疫情之前的 5 倍，GoFundMe 上的捐赠激增至 26 万美元，足以让这家书店维持下去。

马库斯书店不是一家高科技企业。（事实上，直到最近，你甚至不能在它的网站上购买图书。）如果你想要的只是大量廉价的图书，你可能会从亚马逊购买。但是，这家书店有比网站更有价值的东西，即黑人遇到麻烦时与支持他们的社区之间的一种真实连接。

虽然世界已经发生了变化，但帮助马库斯书店生存了 60 年的是，它仍然以意外的、社会化的和稀缺的方式销售图书。它一直将人性置于非常重要的位置，因此，它让自己变得不可替代。

通过让自己变得更加意外、社会化和稀缺，威廉·洛维特也幸存了下来。

1821 年到达伦敦后，洛维特在一家木工店找到了一份工作，这家店的老板主动提出教他木工手艺，这项工作与制绳不同，不适合大规模生产。

有了一份稳定的工作后，洛维特开始追求更多的智力兴趣。他加入了一个男子团体，该团体定期在一个老旧的肉类市场聚会，在那里他们会花几个小时讨论政治、神学和经典文学。

他在自传中写道："我的头脑似乎被一种新的精神状态唤醒了，新的感情、希望和抱负在我的心中涌现，我利用每一段空闲的时间去获取某种有用的知识。"

很快，洛维特开始积极参与劳工组织，这是一种深入人际关系的工作，当英国工人为争取更多权利和保护而奋斗时，他成了广受欢迎的盟友。他帮助领导了工人阶级改革团体宪章派，并深入教育领域，倡导一种新的教育模式，强调讲授宽容、爱心和同情心等人类特质，而不是死记硬背一些知识和技能。

洛维特写道："教育必须包括所有人类能力的审慎发展和训练，而不是像人们通常认为的那样，只教'阅读、写作和算术'，甚至只教大学的历史卓越成就、希腊语、拉丁语和纯文学。"[9]

洛维特从未变得富有或出名，你不会看到以他的名字命名的图书馆或大学建筑。但是，他以自己的方式做了一些非常了不起的事情。在一个令人难以置信的技术变革时代，他找到了在工作中以人为本并保持领先地位的方法。他意识到，自己的智力、人际关系和道德勇气让他比一台机器更有价值，并采取了相应的行动。

因此，他能够生活得既有意义又有目标。他让自己能够面向未来。据我们所知，他再也没制作过绳索。

法则 2　抵抗机器漂移

人类的主要任务是把"作为人"的工作做好，而不是充当机器、机构和系统的附属物。

——库尔特·冯内古特（Kurt Vonnegut）

美国作家

在我们进一步讨论之前，你介意我问你几个私人问题吗？

最近，你有没有感觉到生活中的某些方面有一点儿……可预测？

你和你的朋友们大多看同样的电视节目，读同样的书，听同样的播客吗？

一个只知道你的年龄、性别、种族和邮政编码的陌生人，可以准确预测你在服装、食物和政治上的品位吗？

你有没有发现自己持续几周或几个月的时间，在精神上放任自流，比如，说一些显而易见的话，重复同样的活动，做一些没有任何变化或让你感到意外的事情？

你有没有曾经回头看几年前的照片或视频，觉得自己看到的不仅仅是一张更瘦或更新鲜的面孔，而且是一个更令人惊讶的你，一个更独立思考、更深入参与创意、更大胆远离主流的你？

我先回答。我每时每刻都在感受这些，而且我不认为这只是怀旧的阴霾。我认为这其实与机器有关。

到目前为止，我们在这本书里主要讨论了自动化的外在形式，即工业机器人、机器学习算法、后台人工智能软件。但是，在我们很多人的内心发生了一种内在的自动化，这在某些方面要危险得多。这种自动化深入我们的大脑，并影响我们的内心生活，它会改变我们的思维方式、我们的愿望和我们信任的人。当它失控时，我们付出的代价要远远超过一份工作。

在过去几年为《纽约时报》报道社交媒体新闻期间，我已经看到过很多这种自动化的例子。我采访了"匿名者Q"（QAnon）等网络极端主义运动的追随者，我也看到了社交媒体的算法和激励措施如何将正常的、适应良好的人变成精神错乱的阴谋论者。在我协助完成的一档音频系列节目"兔子洞"中，我研究了YouTube和Facebook等平台，了解它们如何利用人工智能来吸引用户，让用户进入个性化的细分领域，其中充满了最有可能吸引他们注意力的内容，同时这意味着向他们展示一个比他们屏幕外的世界更加极端、更为分裂、更少基于事实的世界。

我们不会经常将人工智能与社交媒体误导信息、网络激进言论等话题相提并论，但它们其实密切相关。人工智能是让这些平台如此令人上瘾的原因，它能够准确地指出我们保持点击、观看和滚动屏幕的原因是什么，这种能力最终展示了操纵的潜力。

我承认，这些年来我用机器将自己的生活带到了一种尴尬的地步。我使用人工智能助手来管理日程，用机器人吸尘器和无线连接的恒温器来保持房间的清洁和温度可控，我还订购了"开箱即用"服务，使用花哨的算法来计算哪些衣服最适合我的体型。在工作中，我使用固定的电子邮件文本段落，并依靠一些自动生成的邮件回复来节省时间。（"是的！""当然，那样可行！""不，我不能。"）多年来，我基本遵循算法的流程，比如购买亚马逊为我推荐的东西、播放自动生成的Spotify（声田）音乐列表，以及观看网飞推荐的影片。

在很长的一段时间里，所有这些生活方式的自动化似乎都是无害的。但最终，我开始觉得，把日常决策交给机器不会让我更快乐或效率更高。相反，它把我变成了一个不同的人，一个更肤浅的人，有着更固定的套路和思维模式，在日常生活中

法则2　抵抗机器漂移

我几乎像机器人一样可以预测。

我开始称这种感觉为"机器漂移"（machine drift），几年前我第一次注意到这种情况发生在我身上。

当时，我是一家数字新闻网站的编辑，我的工作是确保自己负责的版块实现每个月的流量目标。每个月底之前，如果数据落后于目标值，我就会争抢着发布一些病毒式的新闻，这些新闻可能会吸引来自 Facebook 或谷歌的巨大流量。我很擅长这件事。我的一篇帖子，内容是重温一条 Reddit（一个社交新闻站点）新闻的评论摘要，在 Facebook 点击大奖中获得了数百万的浏览量。另一条吸引了数百万浏览量的新闻是一篇正文仅有4句话的帖子，标题为《安·库尔特发了一条糟糕的推文》。

这些在月底之前突击发布的帖子起了作用，但是每当写这些帖子时，我就觉得自己不像一名记者，而像一名在往炉子里铲煤的工厂工人。我没有做任何新颖或有创造性的事情，只是提供了一些算法想要的东西，在这个过程中，我自己也变成了一种算法。

我在工作之外也经历过机器漂移。我觉得自己变得更加敏感，在政治上更加极化，我的很多较弱的偏好也都转化成了坚定的基本信念。我更多地以 Twitter 式的俏皮话来表达自己的想法，而我也更难以开放的心态去倾听相反的观点。

我将这些感觉与我使用的技术联系起来，开始进行事后的反思。我是真的喜欢在亚马逊上购买的皮革球鞋，还是我对算法的信任程度超过了对自己时尚感的信任？我是真的因为风险投资人愚蠢的推文穿插在我的 Twitter 时间线里而对他生气，还是因为我知道 Twitter 的算法会用点赞和转发来奖励我的讽刺笑话？我是真的喜欢烹饪，还是我仅仅喜欢 Instagram 上居家做饭的照片让自己看起来像一个有生活品位、适应良好的成年人？

我想知道，在我的信仰和偏好中，有多少是真的属于我自己，有多少是由机器决定的？

——————————

1990 年，位于美国加州帕洛阿尔托的施乐帕克研究实验室的两位科学家提出了一种方法来解决令人讨厌的电子邮件过载问题。那时电子邮件仍然是一项新技术，施乐帕克的收件箱中充斥着无关和无用的信息。研究人员每天要花几个小时阅读和删除他们订阅的各种新闻组发来的电子邮件，这干扰了他们的工作。

有一天，实验室的初级研究员道格·特里（Doug Terry）

想到一个主意。[1] 电子邮件程序如果可以按重要性对邮件排序，而不是按时间顺序显示，会怎么样？如果你看到的新闻在某种程度上是由其他人已经阅读和点赞的内容决定的呢？他招募了另一名工程师——戴维·尼科尔斯（David Nichols），他们开始开发一款名为"信息挂毯"（后简称"挂毯"）的程序，这款程序可以帮助他们理顺收件箱。

他们的第一项任务是为常规的、个人对个人的电子邮件创建一个自动排序系统。他们设计了一系列的"评估者"算法，这些算法可以扫描收到的电子邮件，并根据发件人姓名、主题和其他收件人的数量等因素为每封邮件分配一个优先级分数。特里的老板发给特里一个人的电子邮件能获得 99 分的优先级分数（这是最高分），并且总是出现在他的收件箱顶部。在这些邮件的下面，可能是包含中等重要关键词的电子邮件，比如"苹果"（施乐帕克最大的竞争对手之一）或"棒球"（特里最喜欢的运动）。来自未知发件人并且缺少相关关键词的电子邮件将得到低分，并出现在收件箱的底部。

第二步是找出一种方法，将每天从新闻组和简报服务商那里涌入的数百封非个人邮件进行分类。特里和尼科尔斯提出了一个他们称为"协作过滤"的系统，该系统允许用户根据其他用户的推荐对邮件进行优先级排序，这实际上是将用户的同事变成一种过滤算法。

协作过滤的工作原理是在每条新闻组消息的末尾添加两个按钮，一个写着"喜欢"，另一个写着"讨厌"。根据用户的点击选择，该新闻组消息在其他用户的收件箱中会相应地出现在更高或更低的位置。用户可以通过订阅特定人、特定主题或特定新闻组的推荐，来生成个性化的过滤器，并且还可以将多个过滤器连接在一起以创建一款定制的推荐器。（"给我看看约翰·史密斯在棒球新闻组里推荐的洋基队相关的文章。"）

特里和尼科尔斯以及他们招募的另外两名研究人员，花了大约 6 个月的时间打造了"挂毯"。然后，他们把它发布给了自己的同事，有几十个人注册，推荐引擎就这样诞生了。

———————

如今，世界运行在推荐引擎之上。此时此刻，当你读到这篇文章时，全世界数十亿人正在使用算法生成的推荐来帮助他们决定穿什么衣服、去什么地方、申请什么工作、买什么生活用品、雇哪位水管工、投资哪些股票、收看什么电视节目、光顾哪家餐馆、听什么音乐，以及和哪位潜在的浪漫伴侣约会。我们的整个信息生态系统都围绕着推荐引擎，这些引擎为

Facebook、Twitter 和 YouTube 等社交媒体平台提供动力，所有这些平台都依赖于算法来告诉我们哪些声音很重要、哪些新闻很重要，以及哪些东西值得我们关注。我们的政治、文化甚至人际关系都受到这些系统提出的建议的约束，也受人们试图对这些系统进行逆向工程和博弈的方式影响。

现代生活的方方面面被注入了各种算法建议，这几乎没有受到关注，但是，如果考虑一下我们日常的决策有多少被外包给了机器，我们就很难否认，一种历史性的物种层面的转变正在发生。

麻省理工学院研究员迈克尔·施拉格（Michael Schrage）在他写的一本与推荐引擎相关的书中写道："推荐引擎越来越多地决定着你是谁、你想要什么以及你想成为谁。"[2]

"自我的未来，就是推荐的未来。"他还补充道。

现代的推荐系统比道格·特里和戴维·尼科尔斯开发的筛选电子邮件的系统要强大几个数量级。如今的科技公司拥有巨大的计算能力，这使得它们可以生成关于用户行为的详细模型，它们还拥有机器学习技术，可以从大量的数据集中发现行为模式，比如研究一亿人的网上购物行为，并发现购买某种品牌狗粮的人在统计上更有可能投票给共和党。

另一个巨大的区别是，虽然过去的推荐系统的设计是为了节省我们的时间，但如今的很多推荐系统的设计是为了占用我们的时间。Facebook、Instagram、YouTube、网飞、Spotify 甚至《纽约时报》都在使用人工智能推荐来让用户的订阅源实现个性化，向他们展示的是机器认为他们会尽可能长时间查看的内容。

这些算法可以非常有效。YouTube 表示，推荐内容的时长占用户在该网站浏览总时长的70%以上。[3]据估计，亚马逊30%的页面浏览量来自推荐，这一数据可能相当于每年数百亿美元的销售额。[4]Spotify通过算法生成的"每周发现"播放列表已经成为音乐行业的热门制造者，据报道，这些歌曲占了8 000多名艺术家每月流量的一半以上。[5]网飞公司表示，其服务中被观看的电影有80%来自推荐，并估计其推荐每年为公司节省10亿美元。[6]

美国明尼苏达大学的教授格迪米纳斯·阿多马维丘斯（Gediminas Adomavicius）在 2018 年领导的一项研究中，清楚地揭示了推荐的心理力量。[7]

这项研究包括三个实验。在第一个实验中，研究人员给参与者一份歌曲列表，每首歌都有一颗星到五颗星的评级。（这些评级是随机分配的，但参与者被告知该评级是基于他们的音乐偏好的。）如果参与者愿意，他们有机会听每首歌的简短片段，然后，研究人员会询问他们愿意为每首歌支付多少钱。

在第二个实验中，研究人员给参与者提供一份由算法生成的真实歌曲推荐，该算法类似于Pandora和Spotify等流媒体音乐服务商使用的算法。但是，研究人员事先操纵了评级，故意给一些歌曲增加了星标数量，并删除了其他歌曲的星标。与第一个实验类似，参与者可以选择先听一听简短的片段，然后再给每首歌定价。

在第三个实验中，研究人员再次给每首歌曲一个随机的评级，但这一次，他们会要求参与者在给歌曲定价之前完整地听一遍。

前两个实验的结果并不令人惊讶。参与者相信星标评级，即使这些评级并不是真正个性化的，对那些被给予更高评级的歌曲，他们愿意支付更高的价格。

然而，第三个实验的结果让研究人员大吃一惊。他们原本预计，强制参与者在给每首歌定价之前先听一遍，会抵消星标评级的影响。（他们认为，听完一首歌会比知道算法对它的评价更有利于你判断自己是否喜欢它。）但是，参与者仍然愿意为评级更高的歌曲支付更高的价格。换句话说，机器的随机选择取代了他们自己的体验。

研究人员写道："消费者不会仅仅去选择他们体验过的东

西，或者他们喜欢的东西。他们会选择系统说他们可能想要的东西。"

在最佳情况下，人工智能推荐既强大，又能对消费者施加影响力，这是一种让强大的机器成为我们的个人助理，从而为我们提供服务的方式，它们可以在广阔的互联网中搜集整理，并创造一种与我们的优先选择相适应的体验。

在最糟糕的情况下，它们更像是咄咄逼人的销售员，把我们不想要的东西推送到我们面前并开始玩心理游戏，还希望我们不会拒绝。

在硅谷，"机器可以改变我们的优先选择"这一事实并不是秘密。实际上，在产品设计领域有一个完整的子学科，叫作"选择架构"，它使用微妙的设计元素来改变用户点击、购买和关注的东西。

有些选择架构可能会对用户有一些帮助，比如，Yelp（点评网站）默认向你显示附近的评价良好的餐厅，而不会按字母顺序排列你所在城市的所有餐厅并展示给你，这就很好。但是，选择架构也可能引导我们去关注自己不想要的东西，这些东西对我们没有好处，而且我们自己也不会去寻找。

技术学者克里斯蒂安·桑德维格（Christian Sandvig）将这件事称为"腐败的个性化"[8]，但这没有公司直接操纵那么明显。只要调整算法，网飞就可以将用户引导到它的原创节目，亚马逊可以将用户引导到它的自有品牌，苹果公司也可以在应用商店里推荐自己的应用程序，即使其他应用程序可能更好。

大规模改变用户优先选择的能力让一些技术专家感到不舒服。数据科学家雷切尔·舒特（Rachel Schutt）在 2012 年接受《纽约时报》采访时也是这样说的："模型不仅可以做预测，而且可以引发一些事情。"[9]Facebook 的一名前产品经理更进一步，他告诉 BuzzFeed（新闻聚合网站），Facebook 的推荐算法完全是试图"给人类重新编程"。

这名 Facebook 前员工说："很难相信，你可以让人类推翻他们全部的价值观，但使用这样的系统，你就可以做到。我觉得这有点儿可怕。"[10]

法国研究人员卡米尔·罗斯（Camille Roth）将数字推荐系统分为两个阵营——"读取思想的算法"和"改变思想的算法"，前者旨在将我们现有的偏好应用于新的信息，后者试图将我们的偏好转换成不同的偏好，或者在我们以前没有偏好的地方创建偏好。[11]

多年以来，大多数人工智能推荐都是一些读取思想的算法，它们试图预测你想看什么，然后展示给你。但是近年来，科技公司发现改变思想的算法拥有一个有利可图的前景。定向广告（targeted advertising）业务让谷歌和 Facebook 成为世界上最有价值的两家公司，定向广告通过数据分析猜测用户的偏好（"定向"部分），然后允许广告商付费去尝试改变他们的思想（"广告"部分），这里结合了"读取思想"和"改变思想"技术。

如今的推荐算法功能如此强大并且如此深入地嵌入我们的系统之中，它们通常更像是决策者算法。通过对某些信息进行更高阶的排序，或者以某种方式对选择进行优先排序，它们可以创造出自由意志的幻觉，同时实际上引导用户朝着它们期望的结果前进。

让机器漂移变得如此危险的原因是，在我们最需要人类的才能来帮助引导我们的时候，这些算法正在积极地侵蚀我们身上最人性化的部分：我们改变路线、追求难以达到的目标、做出不受欢迎的选择的能力。它们不鼓励我们建立个人自主权，而这种自主权可以让我们独立思考和行动，从而在人工智能和自动化时代保护我们自己。算法这么做的时候，还打着帮助我们的幌子。

在 2017 年一篇关于亚马逊推荐算法历史的论文中，亚马逊工程师布伦特·史密斯（Brent Smith）和微软数据科学家格雷格·林登（Greg Linden）描绘了一个基于人工智能的未来愿景。[12] 在我看来，这个愿景是反乌托邦式的，而且非常非常合理。

"每次互动都应该反映出你是谁、你喜欢什么，并帮助你找到其他与你类似的人已经发现的东西，"他们写道，"当你看到的明显不是你想找的东西时，算法应该感到失落和可悲：你现在不认识我了吗？"

他们继续说道："要做到这一点，我们需要一种新的方式来思考推荐。不应该有推荐功能和推荐引擎。相反，每次互动都应该包含对你、其他人和可用资源的理解。"

在每一次的互动中都要如此。仅仅陪伴我们去商店，对着我们的耳朵小声说要买哪个牌子的牙膏或者卫生纸，这是不够的。在那些使用推荐算法来引导我们做出选择的工程师和高管看来，我们的所有行为都必须是机器模型的一部分。在这个自动化未来的愿景中，没有开发新口味或者从一张白纸重新开始的空间。你是谁的问题，要看机器认为你是谁，也要看它们希望你是谁。

———————

　　如果推荐算法是导致机器漂移的一个因素，那么另一个因素在硅谷就是所谓的"无摩擦设计"。

　　对现代技术人员而言，没有比"摩擦"更大的敌人了。这里的摩擦不是字面意义上或物理意义上的那种摩擦，而是一种隐喻，每当用户在完成给定任务的过程中遇到不必要的延迟或效率低下时，摩擦就会发生。科技公司已经花了几十年的时间来消除我们生活中的摩擦，让打车、订购家庭用品或在商店买东西变得更加容易，有抱负的科技巨头已经将无摩擦设计视为一种宗教信条。科技创业家布兰登·穆里根（Brenden Mulligan）在 TechCrunch（科技博客）上的一篇文章中总结了硅谷的反摩擦精神。[13]

　　穆里根写道："如果用户在使用或注册你的服务时感受到了摩擦，你就有问题了。有时这是不可避免的，但你应该用一切努力消除尽可能多的摩擦。"

　　2011 年，我第一次听说无摩擦设计的理念。当时 Facebook 首席执行官马克·扎克伯格宣布，Facebook 正在推出一项名为"无摩擦共享"的新功能。这项功能让某些应用程序（比如网飞和 Spotify）可以直接发布内容到用户的订阅源，而不

必每次都征求用户的许可，但这是一次失败的尝试，Facebook
很快就将它扼杀了。[14] 但"无摩擦产品"的想法抓住了硅谷
的想象力。优步、Square（移动支付公司）和其他科技公司
都开始致力于打造无摩擦设计。亚马逊的创始人杰夫·贝佐斯
（Jeff Bezos）在 2011 年给投资者的一封信中阐述了减少摩擦在
战略上的好处。[15]

贝佐斯写道："当你减少摩擦，让事情变得简单时，人们
会做得更多。"

很多类型的降摩擦设计无疑是很好的。我们不希望在医生
办公室或车辆管理局里发生摩擦。预订航班、提交保险索赔或
申请失业救济金时，花费不必要的精力来做这些事情没有什么
好处或浪漫可言。还有非常多的美国人在日常生活中遭遇太多
的摩擦，被我这样享有特权的白人男性称为"摩擦"的微小不
便往往被夸大了，比如必须向政府办公室传真一份表格。

但是，硅谷的摩擦斗争是有代价的，其中一些与摩擦的去
向有关，一旦摩擦从消费者的手机或电脑屏幕上消失，它们会
去哪里？科技产品中的"消除摩擦"通常只意味着将负担转移
给低薪工人。亚马逊全力以赴地减少客户摩擦，给仓库工人带
来了额外的压力。优步司机损失了数百万美元的客户小费，因
为优步前首席执行官特拉维斯·卡兰尼克（Travis Kalanick）

认为，乘客在应用程序中给小费会造成不必要的摩擦。[16]（卡兰尼克卸任后，公司清醒过来并添加了这个功能。）

但是，无摩擦系统的最大问题是它们会对我们的自主性产生什么影响。就像推荐算法一样，它们把我们拉到钟形曲线的中间，即训练我们选择最受欢迎的选项、最有可能的结果、阻力最小的路径。无摩擦系统很少敦促我们去做艰难的、违反直觉的事情，或者停下来审视我们自己的冲动。通过强化技术评论家吴修铭（Tim Wu）所说的"便利的暴政"[17]，即认为最好的解决方案总是最容易的，无摩擦系统可以让我们忽视一些长期来看可能更有价值的事情，比如尝试一些新的体验或克服一些障碍。

毫不奇怪，推荐系统和无摩擦设计已经流行起来，因为它们可以消除我们混乱、快速的生活中的复杂性。重申一下，并不是所有的个性化推荐或无摩擦应用程序都是不好的。

但是，我们必须小心，不要将自身的太多方面交给工具。因为从根本上讲，导致机器漂移的哲学就是虚无主义。它试图说服我们，没有任何与我们相关的重要事情不能被量化或简化为一系列的数据点，我们没有任何内心活动值得被保护起来免受机器影响。推荐引擎和无摩擦产品为我们提供了帮助，但它们的最终目标是让我们投降，就像一名陷入激流的游泳者厌倦

法则2　抵抗机器漂移

了与水流搏斗，他只想在水面随波逐流。

————————

作为抵抗机器漂移的第一步，我建议你盘点一下自己的选择偏好，记录你一天中做出的所有选择，并尝试确定哪些选择是真正属于你的，哪些从根本上是由机器的指令或建议改变的。你每个月都买同一个牌子的狗粮，是因为这是亚马逊推荐给你的，还是因为你的狗真的很喜欢？你上班的开车路线反映了你良好的通勤理念，还是反映了谷歌地图的最佳效率路线？如果没有预料中的点赞、评论或转发（如果内容只跟你自己有关，介绍你是谁以及一些最让你开心和满足的事情），那么你还会去徒步、穿某件夹克或者大声说出自己的政治立场吗？

一旦你理清了自己的偏好、价值观和优先事项，你就可以把它们写下来。你实际上有什么爱好，喜欢参与什么活动？即便永远没有人知道，你在真空中会保持什么样的政治和精神信仰？哪些人际关系真正丰富了你的生活？请随身携带这份清单，如果你愿意，你可以把它贴在墙上。大致来说，这是你核心自我的蓝图，并且它仍然是一个有用的参考点。

抵抗机器漂移的另一种方法是实施我所说的"人类时间"。

每个工作日，大约在同一时间（对我来说，通常是下午5~6点），我会试着至少花一个小时远离屏幕，做一些我真正喜欢做的事情，比如打网球、做饭或带我的狗去跑步。关键是选择完全可以任选的活动，我不会在"人类时间"去做一些待办清单上的事情，也不会去处理家务。重要的是每天花一个小时，通过做一些让自己感觉更人性化的事情，来重新了解自己的需求和优先事项，同时避免一整天都被具有激励机制和无形力量的网络困住。

为了抵抗机器漂移，我还开始在日常生活中增加一些摩擦。我没有在亚马逊上订购电钻，而是开车去了当地的一家五金商店。我花了额外的两分钟为早上喝的咖啡加热牛奶，而不是加入冷牛奶。我在周末阅读印刷的报纸，而不是在屏幕上浏览Twitter的头条新闻。当我上下班通勤时，我会选择一条更长、风景更好的路线，这样会增加大约15分钟的路程，但行程会更加愉快。

需要明确的是，这些都是非常小的不便之处，我非常幸运有时间和灵活性来欣然接受这种安排。很多人工作比我努力得多，而工作环境远不如我的好，他们需要尽可能多的便利。我希望技术工程师和产品设计师能找到方法，减少弱势群体和边缘化人群遭遇的摩擦，而不是消除生活已经非常便利的人遇到的一丝丝不适感。

但是，对我们这些有足够特权选择自己节奏的人来说，稍微多一点儿摩擦和自主性的生活方式可能是令人满意的。毕竟，我们最快乐的时刻或者最自豪的成就，很少是让算法替我们做决定的结果。爬山登顶、完成马拉松比赛、成功地培养孩子等，这些都是刻意去做一些超出绝对必要的事情后才能获得的成就。获得回报往往是困难的，而"困难"是机器的敌人。

———————

最近，我给道格·特里打了电话，他是施乐帕克的工程师，在大约30年前发明了第一个算法推荐系统"挂毯"。62岁的特里现在在亚马逊工作，在回忆了"挂毯"的早期时光之后，我问他如何看待为Facebook、YouTube和网飞等服务提供支持的推荐引擎。

他说："我不认为两者之间存在任何可比性，我们当时只有一个简单的小系统，而现在，有数万亿级的数据信息服务于十亿级的用户，这不仅仅是规模和复杂性的问题，一切都不一样了。"

特里可能不知道，当他根据同事们的建议提出他的过滤概念时，同样的技术会推动一些市值几十亿美元的技术巨头崛起，并从根本上改变我们的全球信息生态系统。当我告诉他我所有的担忧时——我担心用来捕捉我们偏好的算法实际上会扭曲这些偏好，我对机器漂移感到焦虑，社交媒体推荐让我的几个消息来源变得更为激进——他似乎感到很困扰。

他说，在过去，推荐就是推荐。但现在，它们扮演了一个更具决定性的角色。他将其描述为"雪球效应"，即人们会看到越来越多与其兴趣一致的东西，而他们的兴趣是由算法决定的。最终，他们对世界的看法被限制在他们可以很舒服地看到的事物上。

他说："我认为挑战之一是让人们走出舒适区。人工智能推荐所做的刚好相反，它们让你的视野变窄。"

法则 3　降级你的设备

电脑是优秀而高效的仆人，但是我不想为它们服务。

——斯波克先生（Mr. Spock）

《星际迷航》的主人公

我还记得我意识到自己讨厌手机的那一刻。

那是 2018 年 12 月，圣诞节的前几天。我和妻子以及几个朋友在曼哈顿的一家剧院观看世界级的阿尔文·艾利美国现代芭蕾舞蹈剧团的演出。我们很幸运地买到了很好的座位，为此我已经期待几个星期了。

在第一幕进行到一半时，我感到口袋里传来一阵嗡嗡声。我没管它。几分钟之后，它再次嗡嗡响起。嗯，我想，可能我今天早些时候发布的 Instagram 引爆了，或者是不是收到了编辑发来的表达愤怒的电子邮件呢？我试图忘掉它，把注意力集中在前面跳跃的舞者身上，但是我的思想一直在开小差。如果我的公寓着火了怎么办？如果我不小心在 Twitter 上发布了一些有争议的东西，而特朗普总统此刻正在称我为"来自《纽约史莱姆》的假新闻白痴"该怎么办？

我迫不及待地想知道答案。我悄悄对妻子说了声"卫生间"，然后从她身边跑过，穿过过道，冲到卫生间，走进一个隔间，拿出我的手机。

我看到的，基本上什么都不是：几封不重要的电子邮件、一条药店的短信、一两条 Instagram 评论。尽管没有看到紧急的通知，但我并没有匆忙回到座位上。相反，我穿戴整齐地在隔间里站了足足有 15 分钟，我查看了 Twitter 和 Facebook，把错过的一切都浏览了一遍。当我从发呆中清醒过来，离开卫生间并准备回到座位上时，我看到一大群人向我涌来。幕间休息时间到了。我错过了后面的演出。

我意识到，我刚刚剥夺了自己欣赏一场精彩舞蹈的机会，而且是出于最愚蠢的原因，这让我感到羞愧。我原本有机会在我爱的人身边体验一些真正难忘的事情，但我选择把自己关在卫生间的隔间里"刷屏幕"，寻找廉价的多巴胺。这件事我几乎是自动完成的，就好像某种我无法抵抗的无形力量一直在拽着我的大脑。

当我找到我妻子时，她问我去了哪里，是否一切都好。

"出了点儿事"。我撒谎道。

2006 年读大一的时候，我拥有了第一部智能手机。那是一部黑莓珍珠系列手机，一个灰色的长方体，中间有一个白色的键盘。我对它很着迷，每天花几个小时发送电子邮件、玩打砖块游戏并想出一些绝妙的黑莓手机的专有短信（即 BBM，只能发送给其他黑莓手机用户）。因此，这成了校园书虫的身份象征。

在一个满是简单的翻盖手机的世界里，拥有一部黑莓手机似乎就拥有了一种超能力——我口袋里有一座亚历山大图书馆，它让我能够随时准备查找任何事实，解决任何争议，或者与我见过的任何人进行交流。这与其说是一款超级酷的新设备，不如说是一种通过不断地实时更新而积累起来的环境超感知能力。

我以为新奇感最终会消失，但实际上从来没有。相反，我陷得更深了。2007 年 iPhone 发布的时候，我排队买了一部。我注册了 Twitter 账号，并设置了一个 RSS 阅读器。我开启了群发短信，并让消息提示推送到我的主屏幕上。我使用手机的时间不断攀升，先是一天三四个小时，然后是六七个小时。在大多数的晚上，我睡觉时手机就放在离我的头几厘米远的地方。

法则3　降级你的设备

113

近几年，我并没有在手机的使用方面感到特别不正常。但是一两年前，我越过界限，进入了问题领域。社交媒体越来越让我感到恼火和愤怒。由于多年的推送消息和突发新闻提醒，我的注意力跨度变得很短，这让我很难看书、看电影或与朋友进行长时间的交谈。我感觉自己从这个世界中抽离出来了，与我口袋里动态的、高分辨率的"宇宙"相比，我的线下生活开始显得粗糙和灰暗。

有一段时间，我试图戒掉沉迷手机的习惯，我卸载了Twitter 和 Facebook，将屏幕调成灰度的，并将应用程序拖到难以访问的文件夹中。但是，这一切都没有任何效果。我盯着手机屏幕的时间不断上升，手机也不断地干扰我的生活。一天晚上，我收到一个提醒，说我的 iPhone 现在有了一个跟踪屏幕使用时间的功能。我想知道自己的统计数据吗？我不想，但它还是告诉了我。我每天的平均使用时间接近 6 个小时，最高纪录的一天：8 小时 28 分钟。

多年来，我相信我的设备在不断提升我的认知、丰富我的社交生活，并在新的方向上扩展我的人性。但是慢慢的，然后突然的，在阿尔文·艾利演出剧场的卫生间里，我意识到，与其说我是这些设备的使用者，不如说我是它们的仆人。每天，我都要关注手机告诉我的重要的事情，让它的嘟嘟声和嗡嗡声决定我的日程，并把它的优先事项当成自己的。

我的手机曾经是我信任的助手。但在某个时候，它的地位得到了提升，成了我的一位苛刻的、吹毛求疵的、噩梦般的老板。

———————

你的手机问题可能没有我的问题严重。但是我敢打赌，在过去几年的某个时候，你发现过自己查看手机的次数超出了自己的预期，或者你因为忙于毫无目的地刷 Facebook 或 Twitter 而错过了一些重要的事情。

我的目标不是让你觉得愧疚或者责备你对手机上瘾。我只是想鼓励你检查一下你与你的设备之间的关系。毕竟，这些设备是我们在其上面花费最多时间的"机器人"。

将我们的设备想象成机器人是很奇怪的。但是，我们的手机、平板电脑、笔记本电脑、智能手表、个人电脑和联网的家庭设备等，实际上是一些有史以来最先进的人工智能形式。Facebook、谷歌和 Twitter 等公司已经建立了复杂的、行星规模的机器学习算法，其全部目的是获得参与度，也就是说，让你的大脑边缘系统短路，将你的注意力转移，并让你点击和刷屏的时间尽可能长。

这些技术从根本上改变了使用设备的含义。史蒂夫·乔布斯（Steve Jobs）将个人电脑描述为"思想的自行车"，多年来，这个比喻让我感觉很贴切。像自行车一样，电脑可以帮助我们更快地到达目的地，并减少在世界各地转移思想和物体所需的努力。但如今，我们的许多设备（以及安装在设备上的应用程序）的设计功能不太像自行车，更像失控的火车。它们引诱我们上车，用可能的奖励诱惑我们，比如一封新邮件、一个Facebook点赞、一段有趣的TikTok（抖音国际版）视频等。然后，一旦我们上车，它们就会加速前往它们选择的目的地，不管那是不是我们最初想去的地方。

这些力量在很大程度上是无形的，但这并不意味着它们不真实。驱动Facebook和YouTube等平台的算法比将人类送上月球的技术强大很多倍，甚至远超解码人类基因组的技术。它们是价值几十亿美元的研究和投资、数万亿字节的个人数据以及来自世界顶尖大学的数千名博士生的专业知识的产物。这些人工智能代表了我们小时候在科幻电影中看到的那种未来超级智能，它们每天都从屏幕上盯着我们看，观察我们的行为，适应我们的偏好，并弄清楚什么样的刺激序列会让我们多播放一段视频，多分享一篇帖子，多点击一则广告。

几个世纪以来，人类一直担心机器引起退化心理效应。(亚当·斯密在《国富论》中警告说，自动化工厂的设备让我们"愚蠢和无知到了人类的极限"[1]。)近年来，为智能手机带来的负面后果敲响警钟已经成为一个蓬勃发展的产业。现在，我们能看到面向成年人的"屏幕排毒"度假村，面向儿童的"屏幕时间顾问"，以及鼓励会员每周有一天完全拔掉电源的"数字安息日"团体。我们甚至发明了新型手机来解决旧手机的问题，比如轻型手机，这是一款仅售 250 美元的"低能手机"，配置了黑白显示屏，只能用来打电话和发短信。

再说一遍，我不是屏幕使用时间方面的原教旨主义者，我的目标不是让你相信自己使用手机太多了（即使你很可能就是如此）。相反，我想让你做一件我希望自己几年前就能做到的事情——诚实、仔细地审视你与设备的关系，并问自己这样一个问题：谁真正在这里负责？

这个问题的答案很重要，原因有几个。

首先，为了在未来几年从事那种我们需要的、深入人性的工作，即所有能让我们摆脱机器的意外的、社会化的和稀缺的工作，我们需要控制自己的身体和思想，并能够驾驭和引导自己的注意力。

其次，我们需要理解，将控制权让给我们的设备会损害我们与他人之间的关系。心理学家雪莉·特克尔（Sherry Turkle）详细介绍过"低头族"现象，这是一个听起来奇怪但有用的新词，是"低头看手机一族"的简称，这个词描述的是避免与别人互动而埋头玩手机的行为。[2] 她写道，"低头族"相当于"逃避对话，至少是逃避开放式和自发性的对话，这样的对话要提出想法，让自己得以充分展示并变得脆弱"。

研究表明，"低头族"的行为，哪怕只是在与他人互动时把手机放在身边，都会让我们更难与他人分享愉快的经历。在不列颠哥伦比亚大学进行的一项研究中，研究人员观察了超过300人与朋友和家人在餐馆共进晚餐的场景。[3] 一半的参与者被告知把手机放在桌子上，打开铃声或振动设置。另一半参与者被告知将手机设置为静音，并放在一个容器里。饭后，每个参与者都收到一份关于他们用餐体验的问卷。与手机放在容器里的实验组相比，手机放在桌上的人更少享受他们的食物，感觉更无聊、更分心。

我们获得的所有证据表明，重要的是我们如何使用自己的设备，而不仅仅是我们多么频繁地拿起它们。研究表明，以特定方式使用设备比其他方式更有利于我们的心理健康。例如，被动地使用Facebook（刷屏浏览我们的订阅源、观看视频、收看新闻更新）已被证明会增加焦虑感并降低幸福感，[4] 而更主动地使用Facebook（发布状态更新、与朋友聊天）已被证明具有更积极的效果。[5]

这让我想到了降级设备很重要的第三个原因，那就是当我们将自己的生活交给智能手机和其他设备来控制时，我们错过了很多可以使用这些机器来完成的令人惊讶的、人性化的事情。

对我来说，这一点在新冠肺炎疫情的早期很受欢迎，当时基于屏幕的活动成为我参与社交的主要形式。我在Zoom视频系统上参加了"快乐时光"和"游戏之夜"，与全美各地的家人进行了长时间的FaceTime视频通话，并给最亲密的朋友们发送了一系列群发短信。

这些积极的体验有一个共同点，那就是其中涉及其他人的参与，在技术使得这些体验成为可能的同时，我最终选择了这些技术，控制它们，并设定了参与的条件。在这些交互中，我并没有被一名聪明的用户体验黑客或一种无形的算法操纵。虽然为这些互动提供工具的公司可能从我的参与中受益，但它们给了我一些真正的人性价值，以换取我的注意力和数据。

换句话说，以增强人性的方式使用设备还是以削弱人性的方式使用设备，这两者之间的区别通常在于谁掌控着一切。

在观看阿尔文·艾利的演出后回家的路上，我想起了几个月前给我发邮件的一位女士。她的名字叫凯瑟琳·普莱斯（Catherine Price）。[6] 她是一名科学记者，写了一本名为《如何与手机"分手"》（*How to Break Up with Your Phone*）的书，其中概述了她开发的一个为期 30 天的项目，以帮助像我这样的人从过度使用手机的状况中恢复过来，并与设备建立起更健康的关系。

到家后，我给她发了一封电子邮件，并请求她施以援手。幸运的是，她答应了。

在开始我的手机排毒计划之前，凯瑟琳的第一步是跟我一起研究为什么我想改变自己习惯。她让我填写一份入学调查，其中的问题包括下面这些。

- 你为什么想与你的手机"分手"？你希望从这次经历中得到什么？
- 你喜欢你的手机什么？你想继续用它做的是什么事情？
- 你不喜欢你的手机什么？你想花更少时间用它做的是什么事情？

在我的回答中，我倾吐心声。我向凯瑟琳讲述了自己对机器漂移的感觉，以及对自己使用各种技术后变得更加平淡和可预测的担忧。我承认，如果一些互动不能像 Twitter 上的帖子或有争议的 Facebook 话题那样轻松提供多巴胺，我就会失去兴趣，与我的朋友和爱人（我珍视这些善良优秀的人的价值观和见解）之间的对话，也无法让我感受到那种来自网上陌生人的肯定所带来的满足感。我不想完全放弃我的设备，因为工作需要它们，但我想让它们远离我的生活，让我重建自己失去的一些意志力和自制力。我给凯瑟琳看了我的屏幕使用时间统计数据：我通常每天打电话 5~6 个小时，接电话 100~150 次。

"坦率地说，这太疯狂了，让我想去死。"我告诉她。

"我承认这些数字有点儿可怕。"她回答道。

凯瑟琳的第一条建议是在我的手机上绑一根橡皮筋。

她解释说，橡皮筋有两个用途。首先，对我的手指来说，这是一个微小的物理减速带。它不会阻止我使用手机，我仍然可以发 Twitter 帖子和发短信，但它会产生额外的摩擦。其次，橡皮筋会不断提醒我保持专注。每次看到它时，我都会注意到自己正在拿手机，我会停下来问自己是真的需要查看，还是只想消磨时间。

凯瑟琳解释说，她的手机排毒计划的重点并不是让我完全放下手机，而是确定我手机成瘾的根本原因，包括引起我总是想要拿起手机的情感触发因素（对我来说主要是无聊和焦虑）。然后，我可以找到其他方法来满足这些欲望。

她说，最终目标不是完全节制。这是一种正念。

"你所关注的就是你的生活，"她告诉我，"如果你想把关注点放在电子游戏或 Twitter 上，那是你的事。但那应该是一种有意识的选择。"

———————

给手机绑上一根橡皮筋之后，我开始注意到自己养成的许多奇怪的潜意识习惯。我注意到，每次走进办公室大楼的电梯，每次离开公寓的大门，我都会伸手去拿手机，最奇怪的是，每当我把信用卡插入商店的读卡器时，为了填补识别信用卡的三秒钟空白，我也会拿出手机。

我也意识到了自己对手机的依赖程度，它是我持续的、不间断的刺激来源。我已经习惯了戴着 AirPods（苹果耳机）四处走动，听音乐或者用手机打电话。我会一边叠衣服一边看 YouTube 视频，一边做饭一边看网飞上的节目。我甚至在洗澡的时候戴防水耳机，这样我洗头的时候也可以听播客了。

我把这些都告诉了凯瑟琳。她笑着说，我已经正确诊断了自己的问题。

她说："这真的不是手机的问题，手机只是一种'输药'装置。更大的问题是要弄清楚，如何单独与自己的思想相处。"

心理学家称这个问题为"空闲厌恶"。研究表明，思想独处会让我们很多人感到非常不舒服，而且我们通常更喜欢身体上承受痛苦，而不喜欢安静地独处。[7] 在弗吉尼亚大学进行的一项实验中，实验人员让一些大学生参与者独自坐在空房间里度过 10~20 分钟的"思考期"。他们身上连着电极，并被告知，他们如果愿意，就可以按一个按钮给自己一次痛苦的电击。（实验没有强制他们电击自己，如果他们这样做了，那么实验也不会更快结束。这纯粹是一种可选的方式，可以让他们分散自己的无聊感。）

当研究人员查看实验结果时，他们发现 71% 的男性参与者和 26% 的女性参与者至少会电击自己一次。面对安静地坐着和电击自己之间的选择，大多数参与者选择了电击。

研究人员总结道："未经训练的思想，不喜欢独处。"

如果我要降级我的手机，我就需要征服自己的空闲厌恶心理。于是，一连几天，我练习无所事事。早上行走到办公室时，我抬头看着周围的建筑物，把手机牢牢地放在口袋里。在地铁上，我看乘客，而不是听播客或发邮件。当一位朋友参加午餐饭局迟到时，我一动不动地坐着，凝视着窗外。

我告诉凯瑟琳，这对我来说有多么困难，我有多么频繁地想拿起手机寻求刺激。她说这是自然的，并提醒我排毒计划的目的不仅是少用手机，而且是重新发现线下世界里我觉得迷人和充满活力的东西。

"放弃一直盯着 Twitter 的习惯，想想总体上你将会获得什么。"她说。

我告诉凯瑟琳的另一件令人担忧的事情是，因为我没有用手机来填充休息时间，因此我注意到，有太多人用手机来应对自己的空闲厌恶心理。无论往哪里看，我都会看到一片低着的脑袋凝视发光的屏幕，这确实让我感到恐惧。

凯瑟琳说，这对她的客户来说是一种常见的经历。

她说："我把这种情况比作看到一名家庭成员裸露身体。当你在电梯里环顾四周，看到一群僵尸一样的人都盯着自己的手机时，你无法视而不见。"

给手机绑上橡皮筋几天之后，我开始执行凯瑟琳的其他建

议。我晚上把手机放在卧室外面，这样它就不会打扰我的睡眠。我精简了应用程序，删除了一些分散注意力、浪费时间的应用程序，将那些让我更平静、更高效的应用程序转移到主屏幕上，并禁用了除最紧急的消息推送之外的其他所有推送。

然后，我开始通过看书来重建注意力的持续时间。我设置了一个计时器，先坐 10 分钟，然后 20 分钟，再然后一个小时。我每天都不带手机散步，并重拾了自己的爱好，比如烹饪和陶艺，这让我的手没有了空闲，Twitter 上发生的事情也不再让我分心。

最终，我开始适应那种不被刺激的感觉，我发现奇怪的事情发生了。真实的世界看起来更明亮、更有活力。在我不带手机散步时，我注意到了一些以前从未注意到的小细节，比如街头意大利餐馆拼写错误的标志牌、街角处庄严的枫树。我的睡眠和心情都有所好转，多年来我第一次做了真正的白日梦。

凯瑟琳计划的最后阶段是"尝试分开"，即 24 小时内完全不用手机。（我是一个优等生，所以我的目标是 48 小时。）我在几小时路程之外的一家农场预订了一间爱彼迎客房，设置了我的外出自动回复，我和妻子开始了一个周末的离线休闲时光。

一个没有手机的迷你假期引起了一些"并发症"。因为没有谷歌地图，我们迷路了，不得不靠边停车问路。因为没有

Yelp，我们很难找到开门的餐馆。但基本上这是令人惊讶的两天，充满了我多年来从未经历过的那种细小而微妙的快乐。我在黎明时醒来，冲了杯浓咖啡，然后出门徒步。我们一起看书，做填字游戏，听着噼啪作响的炉火睡着了。我觉得自己就像一个 19 世纪的家庭主妇，不同的是我偶尔会担心自己错过一些好看的 TikTok 视频。

———————

最终，凯瑟琳的 30 天手机排毒计划确实减少了我的屏幕使用时间。我每天使用手机的平均时间从将近六个小时骤降到一个多小时，我每天只拿起手机大约 20 次，比一开始少了大约 80%。

同时，这样做也产生了其他一些难以衡量的好处。

首先，将设备降级让我更加欣赏生活中的技术。多年来，我一直将手机和笔记本电脑视为引起焦虑的东西，这是我在现代生活中必须付出的代价。但经过一个月的"准分开"计划，我开始带着惊奇和惊讶的心情看待它们，就像我第一次拥有一部黑莓手机一样。我惊奇地发现，只要点击几下、滑动几下，我就能调出记录下来的任何信息，或者与世界上几乎任何人交谈。我发的短信和电子邮件不再像无聊的关系维系，而更像快乐的互动。互联网似乎回归到了更早期、更健康的版本。

其次，将设备降级让我的工作效率更高了，不是严格的在经济意义上完成了更多的工作，而是字面上的在生产力意义上产出了更多：更多的新想法，更有灵感的问题解决方案，更有吸引力的与他人的互动。当我将自己长期维持数字存在感所产生的认知和创造力应用到其他地方时，我发现自己想出了各种各样希望参与的项目（包括为这本书写提案）。因为我一整天都没有被手机提供的肾上腺素和皮质醇刺激到，所以我真的有精力去做这些事情。我也觉得自己在情感上更敏锐了，更容易捕捉到别人的情绪，注意到一些微妙的非语言暗示，而如果盯着 Twitter 看的话，我就会错过这些。

将设备降级的第三大结果是它对我周围每个人的影响，这也是我最没有预期到的。当我在进行手机排毒时，我尽量不把这件事看得太重，因为没有谁能比一个热衷于时尚健康疗法的人更招人烦了，但我绑着橡皮筋的手机总是在各处出现：办公室、咖啡店、飞机。我发现自己将凯瑟琳的计划告诉了几十个陌生人（可能还帮她卖了几百本书）。我还注意到，我专注力的提高导致其他人也更加关注他们周围的环境。在工作会议上，我的同事们会注意到，我静静地坐着，聚精会神地听着，于是他们也会收起自己的手机。在公园里，其他养狗的人会注意到，我开心地看着我的狗在草地上跑来跑去，他们也会抬起头来，更仔细地观察自己的狗。

在《如何无所事事》（*How to Do Nothing*）一书中，作者珍妮·奥德尔（Jenny Odell）介绍了她是如何通过认真观察鸟类活动克服了自己的空闲厌恶心理的。[8]当她开始注意到周围的天空中有更多的鸟时，她发现自己的很多朋友也开始关注鸟类。

她写道："我学到的一件事是，某种形式的注意力是会传染的，当你花足够多的时间跟一个密切关注某件事的人（如果是我，那一定与鸟类有关）在一起时，你不可避免地会开始和这个人关注一些同样的事情。"

我的意思并不是说，降级你的设备就会治愈你所有的世俗疾病，我也不想把你变成一位见多识广的专家，让你在世界各地游荡，给别人分发橡皮筋，并警告他们不要沉迷于屏幕。但就我而言，重新吸引我的注意力并修复我与手机之间的关系，确实产生了实实在在的好处。回顾我30天的手机排毒经历，这是我为未来做准备的其他任何步骤的先决条件。

毕竟，智能手机和社交媒体应用具备一些真正的好处，但它们从根本上说是一种提取工具，它们会利用我们的认知弱点，让我们点击更多的帖子，收看更多的视频，并看到更多精准的广告。它们依靠人工智能的帮助做到了这一点，人工智能让它们更准确地预测我们的偏好，引导我们的关注点，并通过浮华和令人兴奋的奖励来激活我们大脑的快乐中心。通过让我们不断接收可能的刺激，它们剥夺了我们很多的机会，比如让自己无所事事、让思想游荡、让思维碰撞、让自己在想象中迷失，这些体验对我们的人性来说至关重要，缺少了这些体验，我们也就变成了机器人。

几周之后，我在《纽约时报》上发表了一篇关于手机排毒的专栏文章，我发现自己的经历一点儿都不新鲜。数百万人阅读了这个故事，这篇文章在一定程度上成了我写过的最受欢迎的东西。凯瑟琳和我被邀请参加《今日秀》，教主持人凯茜·李·吉福德（Kathie Lee Gifford）和霍达·科特（Hoda Kotb）如何摆脱手机的控制，我收到了成百上千的电子邮件和读者评论，他们向我讲述了自己玩手机成瘾的故事。

一位读者写道："感谢你最新的文章。在读这篇文章的时候，我意识到自己也对手机上瘾了。天哪，我在开门离开家之前会查看一下手机，5秒钟后，下楼梯并锁上大门时再看一眼，走向汽车的 6 秒钟内再看一眼，然后坐到车上时再看一眼。我能想象到自己一整天查看了多少次手机。"

另一位读者写道："我与一些孩子和父母亲谈论了爱尔兰的上网安全问题。每个人都想知道他们可以安装什么软件来监控自己孩子的网络使用情况，但正如你可能想到的，关键问题不是他们在网上做什么，而是他们在线下没有去做什么。无法阅读长篇幅的图书、无法看电影、无法专注于任何事情超过 30 秒，这让我感到非常担心，这也是我觉得更多的父母应该关心的事情。"

但到目前为止，我得到的最好的反馈来自我的妻子。多年来，她一直看着我在使用手机方面失控，并且很不情愿地将这当作我的基本个性的一部分。但在我开始手机排毒之后，她注意到我在家里的行为正在发生改变。我们开始一起看电影，一起上陶艺课，进行一些漫长而有意义的对话。我问了更多的问题，注意力更集中了，笑得也比平时更多了。

一天晚上，当我们一起坐在沙发上看电视时，她四处寻找我的手机，似乎希望我在节目间歇时能拿着它。

我告诉她，今晚我会把它丢到一边，她笑了。

"我觉得我把你找回来了。"她说。

智能时代的九大生存法则

法则 4　留下手印

人们并不打算像工具一样精确地工作，在所有的行动中都做到精确和完美。如果你想让他们达到那样的精确度，让他们的手指像齿轮一样测量度数，让他们的手臂像圆规一样画曲线，那么你必须将他们去人性化。

——约翰·罗斯金（John Ruskin）

英国艺术批评家

川井三郎（Mitsuru Kawai）应该一直都感到恐慌。[1]

那是 1966 年，川井是日本爱知县丰田工厂一名 18 岁的低级别工人。在过去的 3 年里，他一直在丰田技术技能学院学习，跟着"Kami-sama"（直译为"神仙"）做学徒，这是丰田汽车公司对大师级工匠的称呼，他们知道如何手工制造汽车的每个零部件。川井希望有一天能像"Kami-sama"一样，在当地丰田工厂的锻造车间里找到一份工作，在那里他可以每天将炼炉里炽热的金属板材放到铁砧上，然后小心翼翼地将它们锻造成曲轴。

当时，汽车制造是一份稳定的中产阶级工作，但它越来越像一份濒危的工作。在此之前的几年，当时世界上最大的汽车制造商通用汽车公司安装了世界上第一台工业机器人：一台4 000磅①重的单臂庞然大物，被称为尤尼梅特（Unimate）。尤尼梅特引起了流行文化领域的轰动，甚至出现在约翰尼·卡森（Johnny Carson）的《今夜秀》节目中，它在节目中展示了已编入程序的各种技巧，包括放置一个高尔夫球，给自己倒一杯啤酒，以及指挥《今夜秀》的乐队，这些表演让观众惊叹不已。它引起了包括丰田公司在内的全球汽车业高管的注意，他们看到了其提高生产速度和降低成本的潜力。（机器人没有做的事情也很吸引人，一则吹嘘尤尼梅特的电视广告说："它从不抱怨，也不要求升职或加薪。"）

面对这些新奇、强大的机器人，川井和他在丰田工厂车间里的同事们需要做出艰难的选择。很多专家和工会领导者预测，汽车工人和其他各种蓝领工人的未来都将是暗淡的。《时代周刊》1961年的一篇文章预测了"自动化失业者"的出现。[2] 另一篇文章称工厂自动化是"让每家工厂的每名工人都感到害怕的

---

① 1磅≈453.592千克。——编者注

幽灵"[3]。

但川井没有被这一"幽灵"缠身，他没有惊慌失措，也没有去受威胁较小的行业找工作。相反，根据《日本时报》的一篇报道，他决定改进日语中所谓的"monozukuri"，直译的意思是"制作东西"，而最接近的对等词可能是"技艺"。在丰田公司，"monozukuri"指的是进入汽车生产领域的所有熟练且专业的劳动力。川井一心想成为最好的工艺师，他希望即便机器人学会了做他的工作，他仍然能够提供价值。

在接下来的几年里，川井对汽车生产中细小而微妙的细节产生了第六感。他可以查看一台出故障的机器，仅仅从它发出的声音和气味就能判断出问题所在。通过观察铁水的颜色属于哪种红色，他就能估计出其温度。他尤其擅长发现人类相对于机器人的优势。例如，有一天他注意到一款丰田车的底盘上存在一个缺陷，这是由用来焊接大型金属件的一个机器人的技术局限性造成的。川井知道，一名有经验的人类焊工会做得更好。因此，他说服老板省掉了这个流程的自动化，将它交回给人工，这使得底盘的坚固性和顾客的满意度都更高了。

对很多汽车工人来说，他们要么试图去击败新的机器人竞争对手，要么彻底反抗它们，而川井对"monozukuri"的痴迷让他成了一个局外人。确切地说，他不是反自动化的。但他认为，工厂的机器人需要熟练工人在一旁教它们，跟它们一起工作，并在它们引发严重事故之前发现其错误，否则它们就毫无价值。

"我们不能简单地依赖那些只会一遍又一遍地重复相同工作的机器，"他告诉一名记者，"要成为机器的主人，你必须有知识和技能来教它们。"

在 20 世纪末和 21 世纪初，随着丰田公司的工厂变得更加自动化，川井专注于人工技艺的决定不断地得到回报。他一次又一次地得到提升，他的"monozukuri"哲学变成丰田蓝领工人的一种战斗口号，他们为自己的工作感到自豪，并希望避免成为纯粹的机器人操作员。熟练的工艺师通常也会生产出品质更好、浪费更少的汽车，近年来，在川井的领导下，丰田逆着自动化趋势，对许多生产线实施了去自动化改造，让人类来做曾经由机器人完成的工作。

如今，川井是丰田公司的一个活生生的传奇。[4] 工人们称他为"Oyaji"，即"父亲"的意思。他是该公司 80 年历史中唯一一名从公司培训学院一路晋升到高管的员工，也是唯一一名没有大学学历的高级管理者。2020 年，丰田公司任命川井为有史以来第一位首席"monozukuri"官。这个头衔反映了他几十年来对丰田工人们的奉献，以及他坚定不移的信念——即使在先进的机器人技术时代，他们的人类技能也能发挥作用。

作为一名 18 岁的汽车工人，川井三郎在 1966 年面临的情况与今天数百万受过教育的白领知识工作者面临的情况大致相同。我们有充分的理由担心，机器人即将接管我们的工作，将我们淘汰。我们在寻找能给自己带来持久优势的东西。

当然，一个选择是尝试通过努力工作尽量让自己与众不同。近年来，随着所谓的"奋斗文化"的兴起，这种策略越来越流行。在社交媒体上，各种影响力人士和商业大师不断宣扬生产力和持续努力的价值。他们在 Twitter、LinkedIn 和 Instagram 上发布鼓舞人心的"工作狂文化"，内容都是"起来吧，该干活了！"或"谢天谢地，今天是星期一！"之类的口号。他们交换生活中的黑客式技巧，通过每天穿同样的衣服或每餐吃同样的食物来减少不必要的认知负担。

奋斗文化源远流长。在 18 世纪末和 19 世纪初，一位名叫弗雷德里克·温斯洛·泰勒（Frederick Winslow Taylor）的前钢铁工人提出了一则"科学管理"的理论，这个理论在美国商界引起了轩然大波。[5]泰勒认为，大多数工作可以分解成标准化的、可衡量的任务，通过消除低效和减少每一毫秒的时间浪费，这些工作可以随着时间的推移而完善。最终，他认为生产率的提高将带来双赢的局面：公司将提高产量，员工将获得最佳工作表现的满足感。

如今也有一个类似泰勒的人，他名叫加里·维纳查克（Gary Vaynerchuk），是一位营销大师和社交媒体上的影响力人士。[6] 通过激励他的数百万"粉丝"更加努力地工作，他的职业生涯非常成功。（"你要把该死的每一分钟都用来工作。"维纳查克在2018年的一段 YouTube 视频中说道。）但是竞争者很多。众所周知，特斯拉汽车及 SpaceX（太空探索技术公司）的创始人埃隆·马斯克经常工作到筋疲力尽，甚至在紧张的生产周期中睡在特斯拉工厂的地板上。[7]（"没有人一周工作40小时就能改变世界"。马斯克曾在 Twitter 上发帖写道。）雅虎前首席执行官玛丽莎·梅耶尔（Marissa Mayer）在2016年的一次采访中吹嘘自己工作有多努力，她说，从技术上来说，"如果你对何时睡觉、何时淋浴以及多久上一次卫生间有策略的话，一周工作130小时就是有可能的"[8]。

泰勒提出的科学管理通常是自上而下的，与此不同，奋斗文化通常是自我强加的。这是作家德里克·汤普森（Derek Thompson）所谓的"工作主义"哲学的产物。[9] 这种信念在 A 型"千禧一代"的超凡成就者中尤为普遍，他们认为工作不仅是经济上的必需品，还是我们生活中身份和意义的主要来源。

拒绝奋斗文化的理由有很多。它给员工的身心健康带来了真正的风险；它受到年轻、无子女、身体健康的男性青睐，他们通常不需要承担家庭责任，因此更有可能长时间工作；而且，它强化了一种残酷的、倒退的资本主义精神，可能破坏让工作场所更加公平和人性化的努力。

但是，我想请你注意奋斗文化的一个更为直接的问题：在人工智能和自动化的时代，奋斗实际上会适得其反。无论你多努力，你都无法超越一个算法。如果你尝试这么做，你不仅会失败，还会在这个过程中牺牲自己独特的人性优势。

我们可以超越机器的想法是一个诱人的幻想，这可以追溯到约翰·亨利（John Henry）和蒸汽机的传奇故事。但是，如今很多强大的技术都在如此庞大的规模上运行，背后有如此巨大的计算能力，以至于与它们正面竞争的想法从概念上讲甚至是不可能的。对一名人类图书管理员来说，与谷歌"竞争"从数十亿个网站中检索信息意味着什么？或者让一名人类股票交易员与每秒分析数百万笔交易的高频交易算法"竞争"？更重要的是，他们为什么要这么做？

我们不应该试图以努力工作的方式获得安全感，而应该像川井三郎那样，拒绝按照机器的条件竞争，并专注于在我们创造的东西上留下我们自己的、与众不同的人类印记。不管我们从事的工作是什么，或者一周工作多少个小时，我们都可以练习属于我们自己的"monozukuri"，要知道，让我们脱颖而出的不是我们有多么努力，而是我们自己在最终产品中能获得多少呈现。

换句话说，苦干已过时，手印正流行。

———————

几年前，时任 Facebook 人工智能研究部门负责人杨立昆（Yann LeCun）阐述了他自己的手印价值理论。[10]

杨立昆是所谓的"深度学习教父"之一，也是少数几位率先探索深度神经网络的科学家之一，深度神经网络是一种人工智能技术，现在为大多数消费互联网提供支持。他在麻省理工学院的一次会议上做了演讲，在将近一个小时的时间里，他谈到了所有你会想到的密集的技术主题：对抗训练、标量奖励、多层卷积网络等。

在演讲快要结束时，杨立昆出人意料地预测了所有这些人工智能和机器学习技术对就业市场的影响。尽管他自己是一位技术专家，但他说，在未来经济中最有可能脱颖而出的人不是程序员和数据科学家，而是艺术家和工匠。

为了说明自己的观点，他在幻灯片中展示了两张照片：一张是蓝光影碟机，在亚马逊上的售价是 47 美元；另一张是手工陶瓷碗，售价是 750 美元。他说，这两个物体在复杂性上的差异非常明显。影碟机是一项复杂的技术，有数百个零件，由尖端工厂里的机器人组装而成，而陶瓷碗是一个简单的物体，是在陶轮上用黏土制成的，使用的是流传了几千年的技术。然而，这只碗的价格将近达到影碟机的 20 倍。

他向人们解释说："这只碗里有真正的人类干预、真正的人类体验。"他预测，在未来，"我们会给这些东西更高的价值，而给机器人制造的实体产品越来越低的价值"。

从其他一些领先的人工智能专家和经济学家那里，我也听到了杨立昆预测的不同版本。尽管我有时对专家关于这些主题的预测持怀疑态度，但现在我开始相信了。

为什么？因为，好吧，看看我们的周围。我们的经济中充斥着批量生产的消费品，这些消费品曾经是地位的象征，比如平板电视、洗碗机、热水浴缸等，但它们现在变得更便宜、更普及了。如今，奢侈品的一个更好的指标是，在生产供你消费的产品时，涉及的技术有多么"少"。手工家具、定制服装、墙上的定制艺术品等，这些物品都是地位很高的象征，正是因为它们需要大量的人工劳动。

社会科学家称之为"努力启发法"[11]，这是在消费者心理学中记录得更充分的现象之一。在《人类的力量》(The Power of Human)[12]一书中，西北大学凯洛格管理学院的心理学家和教授亚当·韦茨(Adam Waytz)列出了一系列研究，表明人们非常喜欢背后有明显人类努力的商品和体验，即使这些商品和体验与机器生产的商品和体验完全相同。

北卡罗来纳大学心理学教授库尔特·格雷(Kurt Gray)领导了一项实验，他给两组参与者分发了相同的糖果袋，所有的糖果都是随机挑选的，但其中一组被告知他们的糖果是由一个人亲自为他们挑选的，另一组被告知他们的糖果是随机挑选的。结果，第一组参与者认为他们的糖果味道更好。[13]在格雷的另一项实验中，接受电子按摩椅按摩的参与者报告说，当他们被告知有人按下按钮启动椅子时，他们会感到更加愉悦。

努力启发法在很大程度上解释了从手工酿酒厂、农场到餐桌式的餐馆以及手工 Etsy 商店的兴起，也解释了为什么即使流媒体音乐和电子书已经普及，黑胶唱片和纸质书仍然很受欢迎，以及为什么高端咖啡馆仍然可以卖 7 美元一杯的卡布奇诺，即便我们大多数人在家里和办公室里都有能够制作出高品质咖啡的机器。[14]

这也解释了为什么一些反过来讲的情况也是事实，即当我们隐藏或消除某件东西背后的人类努力时，我们往往会贬低它。我最喜欢的例子是 Facebook 生日。在 Facebook 发展的早期，你在生日那天收到祝福信息是一件很特别的事情。[15] 这意味着你的朋友们正在想着你，他们非常关心你并记得你的生日，去看你的个人资料，并想出一些好玩儿的东西写在你的 Facebook 留言板上。但是随着时间的推移，Facebook 试图通过尽可能简单和无摩擦的方式制作生日贺卡，以刺激更多的用户参与。它允许用户将朋友的生日导出到他们的日历应用程序中，并放在新闻订阅源的显著位置，甚至自动填充常备的生日祝福消息，你只需点击一下就可以发布。

结果，Facebook 的生日祝福信息不仅失去了特殊的亲密价值，实际上还与亲密成反比。你知道了，每个在你的 Facebook 留言板上写"生日快乐"的人，只是做了应用程序告诉他们做的事情，他们并不关心是否应该给你发送一条更个性化的信息。通过减少祝某人生日快乐而付出的努力，Facebook 已经把一种关心的表达变成了一种温和的侮辱。

将手印法则内在化是为未来做准备的一个关键部分，手印

法则认为，一件事背后的人类努力越明显，它可感知的价值就越高。

因为，让我们面对现实：我们知道人工智能和自动化将使很多事情变得非常容易。处理包裹、制订销售预测、从甲地开车去乙地，这些工作以及成千上万项其他工作，将从需要大量的人工变成只需要很少或根本不需要人工。目前，那些因为完成这些工作而获得报酬的人需要变得有创造力，并找到办法让自己贡献的价值更加明显。

我仔细地注意到，留下手印不仅仅是为了炫耀，或者为尽可能多的工作邀功。它也不同于奋斗文化，奋斗文化全部与生产力相关。奋斗涉及的是我们工作得有多努力，留下手印涉及的则是我们如何人性化地工作。

通常，留下手印是一个让看不见的劳动变得可见的简单问题。对设计师来说，这可能意味着引导客户一步一步了解你的创作过程，这样他们就能理解每张作品需要多少劳动和专业知识；对软件工程师来说，这可能意味着，要尝试用简单的语言向非技术主管解释自己在做什么。

有时候，这是一个需要付出努力的问题，也许完全没有必要，但非常值得赞赏。对保险代理人来说，这可能意味着给那些在火灾中失去家园或遭遇车祸的客户发送慰问卡；对零售业员工来说，这可能意味着去了解你的商店的老客户，并留出你认为他们下次到店时可能喜欢的特定物品。

对我而言，留下手印意味着我在开始每一项报道任务时，首先要弄清楚如何在上面打上我独特的印记，而不是让它看起来像是其他任何记者（或任何人工智能软件）都可以写出来的普通新闻。这可能意味着要用笑话打断一名枯燥的技术讲解者，或者用第一人称写下我自己的经历，而不是采取去个人化的"无立场、纯中立"的视角。

我还特别注意某些具有较高影响力的举动，有时一点点的人性化就可以发挥很大作用。当我的出版商给书评人寄出样书时，我会确保给每个收件人写一张手写的便条，感谢他们花时间阅读；当我完成一个大的团队项目时，我经常会送上自制的饼干或小礼物来感谢为我提供帮助的同事；当我编写年度自我评估时，我会试着在其中添加声音和个性，这样我的老板们就知道我是一个真实的人，而不是一个过度修饰的机器人。

这些做法都不是创新的或革命性的。事实上，我不得不有意识地提醒自己，要像人一样行事，这有点儿令人难过。但这确实需要付出有意识的努力，尤其是当我们生活中的许多技术都是为了让事情变得简单的时候。跟很多人一样，我花了几年时间去接受奋斗文化中的完美主义倾向，它教会我们成功的关键在于优化我们的业绩表现，就像我们是跑车或快艇一样。但是，我不得不提醒自己，在一个清除人工的技术时代，最有意义的动作往往是混乱、不完美的动作，它传达了这样的一个信息：嘿，我尽力了。

––––––––––––

公司也必须想出一项留下"手印"的策略。

在《体验经济》（*The Experience Economy*）一书中，商学院教授约瑟夫·派恩二世（B. Joseph Pine II）和詹姆斯·吉尔摩（James H. Gilmore）记录了某些企业是如何通过"经济价值的进步"来实现发展的。[16] 他们一开始销售日用商品，然后开始销售商业用品，接着转变为提供服务，最终设计体验。

他们写道："如果让自己屈服于日渐衰落的商品和服务的世界，这样的企业将变得无关紧要。为了避免这种命运，你必须学会筹划一些丰富的、引人入胜的体验。"

为了说明自己的观点，他们以咖啡为例。你从批发商那里可以以非常便宜的价格买到咖啡，从超市购买稍微贵一点儿，在星巴克一杯要 4 美元左右，在意大利的高端咖啡馆要 10 美元。在每笔交易中，钱都被用来交换咖啡，但是客户实际购买的商品各不相同。在批发商那里，他们付费购买的是咖啡豆；在超市，他们购买的是咖啡豆和包装；在星巴克，他们为咖啡豆、包装和服务买单；在意大利的一家高端咖啡馆，他们为咖啡豆、包装、服务以及在意大利喝一杯咖啡的体验买单，周围都是意大利人，也许还有一名迷人的咖啡师为你服务，向你解释他们的玛奇朵咖啡中细腻的风味。

自动化并没有消除人们对咖啡批发商、超市或星巴克的需求，但自动化让这类企业变得更加脆弱，也更容易面临竞争。另外，自动化为出售体验的那些企业带来了竞争优势，这种体验几乎不能被轻易复制或编程到机器之中。

几年前，百思买（Best Buy）在迫不得已的情况下了学到了这一招儿。[17]

跟其他很多大卖场一样，百思买也在努力赶上亚马逊和其他在线零售商的步伐。电视等大件商品的销售量正在下降，很多曾经吸引顾客进入商店的产品（比如新版 CD 或 DVD）正在面临淘汰。当顾客真的来到商店时，我们看到的越来越多的是"展厅现象"，也就是说，他们看中一件商品，然后上网在其他地方以更低的价格购买。该公司的股价已经一落千丈，公司被迫关闭了一些商店并裁掉了一些员工，投资者嗅到了死亡的气息。

然后，在 2012 年，公司任命了一位新的首席执行官休伯特·乔利（Hubert Joly）。乔利是一个法国人，口音轻快，他曾是一名管理顾问。他认为百思买生存下来的唯一方法是停止按照亚马逊的方式与之竞争，并着手寻找自身的优势。正如他在 2017 年的一次采访中告诉我的那样，他意识到"如果购买技术产品纯粹是一种商品游戏，我们就没有机会了"。

因此，他和他的团队提出了一项策略，其中涉及将百思买转变为一家高接触性的、面对面的企业，提供深度的人性化体验，这是电子商务零售商及其时尚、高度优化、充满机器人的仓库无法比拟的。该公司为商店员工提供了更多培训，并启动了一项"上门顾问"的服务，让客户能够从训练有素的百思买专家那里获得私人顾问服务，这些专家会亲自上门，帮助客户为客厅选择合适的大屏幕电视，或者确定哪款立体声系统在他们的院子里听起来感觉最好。2017 年该计划一经推出，立即就获得了成功，并形成了一个超级忠诚的核心客户群体，他们开始将百思买视为一个个人技术服务商，而不仅仅是一家大卖场。

"我们的业务不仅仅是销售产品，而且是将人性化需求与技术解决方案联系起来，"乔利告诉我，"所以，我们的重点是关注这些人性化的需求。"

乔利的人本主义策略让百思买起死回生。公司的销售额飙升，客户的"展厅现象"停止了，几年之后，公司股价创下历史新高，员工很开心，股东也满意。2019年卸任百思买首席执行官的乔利得到了英雄式的告别。

关于手印策略，发生在希思陶瓷公司（Heath Ceramics）的事情就是一个小得多的成功案例。[18] 希思陶瓷是位于美国加州索萨利托的一家具有70年历史的标志性陶瓷工作室。

2003年，当希思陶瓷的现任老板凯瑟琳·贝利（Catherine Bailey）和罗宾·彼得拉维奇（Robin Petravic）从最初的老板手中收购希思时，公司的情况有点儿混乱。该公司的陶瓷产品已经在美国加州的唯美主义者中发展了一批狂热的追随者，客户包括建筑师弗兰克·劳埃德·赖特（Frank Lloyd Wright）和潘尼斯之家餐厅的创始人艾丽丝·沃特斯（Alice Waters）等，但这是一项摇摇欲坠、正在亏损的传统业务，当时许多小型陶瓷工作室正在倒闭，而由海外工厂制造的廉价的、批量生产的陶瓷主导着这个行业。

贝利和彼得拉维奇清晰地认识到，他们无法在价格或数量上与外国生产商竞争，但是他们可以在人性上竞争。因此，他们开始了一项大胆的转型计划，其中包括许多传统的成本削减顾问不会建议的行为。他们拒绝了一些投资要约，并将希思陶瓷的制造业留在当地，而不是迁往国外。他们将公司的主要生产设施转移到旧金山市教会区的一栋更昂贵的大楼，并开始提供工厂参观，这样客户就可以看到他们的碗、杯子和瓷砖的制作过程。他们创办了希思陶土工作室，这是一种体验实验室，可供陶艺大师们在这里制作独一无二的设计作品；他们创办了希思报亭，出售数百种来自世界各地的小众杂志；他们还开设了希思合作商店，这是一种手工制造商的集市，毗邻他们的旧金山工作室，珠宝商、纤维艺术家和面包师都可以在这里开店。

贝利和彼得拉维奇在将公司的设施人性化的同时，还尝试在希思的陶瓷产品上添加一些人性化的元素，比如个性化的戳印，以此告诉客户，公司的哪位员工给哪个特定的花瓶上釉。他们做所有这些事情的目的，就是展示他们的工作，并提醒客户，是真正的人——而不是机器——在创造这些物品。这个策略似乎奏效了。自2003年以来，希思东山再起，令人印象深刻。公司已经发展到拥有200多名员工和3 000万美元的年销售额，2020年它首次实现了债务清零，这是自2003年收购以来的首次。

像百思买的休伯特·乔利一样，贝利和彼得拉维奇并不是地球上最精通技术的创业者。他们没有使用尖端的人工智能技术，也没有招募一群高薪的程序员和物流专家，让这些人花时间为每个业务流程节省几毫秒时间。但他们正确判断了竞争情况，并看到了如何通过强调人性而不是消除人性来让自己脱颖而出。他们成功地弄明白了大约 60 年前川井三郎在一家丰田工厂里得出的结论，即当机器是我们最大的竞争对手时，我们的人性比努力更有价值。

法则 5　不要成为端点

现在，我觉得他们需要我们，但如果有成本更低的东西，他们会想办法摆脱我们。[1]

　　——维丽莎·伦纳德（Verlisa Leonard）

一名呼叫中心的员工

2018 年 5 月 8 日，谷歌首席执行官桑达尔·皮查伊（Sundar Pichai）在一次会议上登台，展示了该公司引以为豪的人工智能研究部门推出的最新产品。

　　该产品是一种基于语音的人工智能助手，被称为 Duplex，它可以预约会议、预订餐厅，以及通过手机完成其他任务。[2] 作为演示，皮查伊播放了一段 Duplex 最近打给美发店的电话录音。

　　"你好，有什么事吗？"接待员问道。

　　Duplex 回应道："嗨，我打电话来是想为一位客户预约女士发型服务，时间是 5 月 3 日。"

"你想预约什么时间？"接待员问道。

"中午 12 点。"Duplex 说。

"我们中午 12 点的预约已满。最接近的可预约时间是下午
1 点 15 分。"接待员说。

"上午 10 点到……哦……12 点之间可以预约吗？"Duplex 问。

"这取决于她想要什么服务，"接待员说，"她想要什么
服务？"

"目前只需要剪发。"Duplex 回答。

到此为止，双方的谈话以完全正常的方式进行。Duplex 没
有犯错或混淆，它甚至插入了一些语气词以营造额外的真实感。
对话另一端的人根本没有意识到她在跟人工智能对话。

当电话结束时，观众爆发出掌声。我在家里观看了这段视
频，这让我目瞪口呆。我看到一些感到惊讶和恐惧的人不断发
布评论，其中一条特殊的评论引起了我的注意，来自谷歌前设
计师克里斯·梅西纳（Chris Messina）。他发了一个 Twitter 帖
子："谷歌 Duplex 是迄今为止 2018 年谷歌开发者大会上最不可
思议、最恐怖的东西……应用示例：谷歌助手打电话给美发店
预约，接待员却不知道自己在跟人工智能对话。人类正在快速
成为昂贵的 API 端点。"[3]

我仍然每时每刻都在思考梅西纳的帖子，尤其是最后一句

话："人类正在迅速成为昂贵的 API 端点。"

在计算机编程中，"端点"是一类特殊的网址，允许程序通过一个所谓的 API 与其他程序通信。如果你试图将信息从一个应用程序转移到另一个应用程序，比如说，如果 Tinder（手机交友程序）希望用户能够上传他们的 Instagram 照片，那么 Tinder 必须编写一段代码，向 Instagram 的 API 的照片端点请求许可。

将编码语言翻译一下，梅西纳说的是，谷歌演示中的人类接待员是两款软件（Duplex 和美发店的预约日历）之间的连接点，她之所以必不可少，仅仅是因为那些机器还不能直接相互交谈。

那个帖子简直毁了我，因为看到它之后，我就开始不断观察人类端点，即工作主要是从一台机器上获取指令的人，或者在两台或更多不兼容的机器之间充当桥梁的人。

我看到一名保安在一栋办公楼里检查进入大楼安保系统的访客，并按下按钮让他们通过十字转门，此时我会想：端点。

我去医生办公室进行年度体检，我会看到执业护士从医疗仪器上读取数字，并将它们填入装有我电子健康记录的 iPad（平板电脑）中，此时我会想：端点。

我看到一位星巴克咖啡师将外卖订单交给一名快递员，快递员按照一个应用程序的指示接收商品，然后按照另一个应用程序的指示将商品交给另一个人，此时我会想：两个端点。

如果我完全诚实的话，那么我偶尔会发现自己写了一则新闻来讲述在某个网站上发生的事情，然后把它发布到另一个网站上，并在第三个网站上进行推广，此时我会想：没错，我也是一个端点。

———————————

到目前为止，我们在本书中主要讨论了"完全自动化"的工作，即机器可以从头到尾执行的任务。但是，有很多工作只能"部分自动化"，我们也需要谈谈这些工作。

部分自动化的工作分为两类。

第一类包括你可能称之为"机器辅助"的工作。在这些工作中，人类指导和监督绝大多数任务，并使用机器作为助手。机器辅助工作的一个例子是房地产经纪人，他们使用自动列表软件为客户匹配待售房屋，但亲自带客户去看房，并指导客户完成购房流程。

机器辅助工作是人工智能乐观主义者在谈论"以人为中心的自动化"时通常想到的那种工作。在这些工作中，机器是对人的补充，而不是要取代他们。

第二类包括你可能称之为"机器管理"的工作。在这些工作中，大部分任务由机器指导和监督，而人类扮演着填补空白的角色，只做机器自己还做不了的事情。机器管理工作的知名例子包括优步、来福车和Postmates（第三方配送服务平台）等公司的共享平台，亚马逊仓库工作人员，Facebook、Twitter内容审核员，以及其他主要负责执行机器指令的人所做的工作。

机器管理工作与其说是与人工智能系统合作，不如说是为它们服务。优步司机并不是与优步的搭乘匹配算法"合作"，就像军校学员不是与发出行军指令的教官"合作"一样。在这些关系中，所有的权力和影响力都在机器那里，人类只是服从命令的"即插即用"的附件，可以被随意更换。

这些机器管理工作就是端点，它们是非常危险的。因为在通常情况下，机器管理工作的目标仅仅是弥合自动化过程中的技术差距，或者训练自动化系统以实现人类水平的性能。

事实上，使用机器管理员工的每家组织都很有可能希望有一天将这些工作完全转交给机器。这意味着机器管理的员工，即世界的端点，需要保持高度警惕。记者马丁·福特在他的著作《机器人时代》中写道："如果你发现自己正在与智能软件系统合作，或者在智能软件系统的指导下工作，那么不管你是

法则5　不要成为端点

否意识到，你都很有可能正在训练软件，让它们最终取代你自己。"[4]

很多端点工作存在于你意料之中的行业，比如服务业、零售业、运输业等，但它们也出现在更有声望的白领职业中，在这些职业中，人工智能正在把过去的机器辅助工作变成机器管理工作。

在 2018 年《纽约客》的一篇文章《医生为什么讨厌他们的电脑》中，阿图尔·加万德（Atul Gawande）写道，在过去的 10 年里，电子医疗软件在美国医院变得无处不在，这导致医生的倦怠和抑郁率上升，将他们淹没在保存记录的任务中，使他们无法与患者互动。[5]这种情绪得到了旧金山医生艾米丽·西尔弗曼（Emily Silverman）的回应。[6]她在 2019 年《纽约时报》的一篇专栏文章中写道，她所在的医院使用的电子健康记录系统让她和她的同事们成了压力过大的机器看护者。

西尔弗曼写道："我们不断收到尚未完成的任务提醒，更正相关资料的请求，以及日常的黄疸提醒。"

医生与他们的软件之间的冲突完美地说明了"部分自动化"的权衡问题。在很多方面，电子病历是对现状的巨大改善。如果实施得当，它们就可以保障患者的安全，降低成本，并限制医疗错误出现的频率。[7]但是，它们也让一些医生觉得自己的工作只是把数据从一个屏幕转移到另一个屏幕。（一名研究人员称这种感觉为"技术梦游症"。）医生以前是机器辅助的工作者。现在？他们不确定。

这种感觉并不新鲜，员工们害怕被智能机器降级，而没有得到机器的帮助。事实上，最好的例子之一发生在1970年，当时通用汽车公司在美国俄亥俄州洛德斯顿市开办了一家全新的高度自动化工厂。

洛德斯顿工厂被媒体誉为"未来工厂"，它是对现代化的一种令人眼花缭乱的致敬，工厂里有26个机器人，分布在车间各处。[8]通用汽车认为，工人们会喜欢每天在这个未来天堂里工作。但是，工人们厌恶它。他们的经理为他们设定了更高的生产配额，让他们备感压力，他们觉得整天操作机器是没有人性和无聊的事情。下面是一名洛德斯顿的工人对他日常工作的描述。

你会自动执行工作流程，就像一只猴子或一条狗基于条件反射去操作一样。这让你感到一成不变，所有事情一遍又一遍地重复。看起来你只是去工作，你生活的全部目的就是执行这些操作。然后你下班回家，却因为长时间的工作、试图跟上进度而备感疲惫，你觉得自己没有取得任何进步。

法则5　不要成为端点

这让普通人觉得自己有点儿像植物人。[9]

1972 年，洛德斯顿工厂的工人厌倦了，决定举行罢工。此次罢工引起了全国的关注，全国人民开始谈论"洛德斯顿综合征"，即一种由新型的部分自动化所带来的生存不适。《新闻周刊》称洛德斯顿罢工是"工业界的伍德斯托克音乐节"。另外，1972 年《纽约时报》的一篇社论呼吁通用汽车"关注在机器人统治的工作场所保持个人的价值感"。

经过 22 天的罢工，通用汽车屈服了。公司缩减了生产目标，给工人更多的休息时间，并组建了"人性化团队"，负责改善洛德斯顿工厂的条件。[10] 时任通用汽车总裁爱德华·科尔（Edward Cole）在一次演讲中表示，该公司已经意识到让员工屈从于机器的错误。[11]

"我们未来的进步，必须依靠的是人，而不是机器。"他说。

———————

对远程工作者而言，他们必须特别小心，避免成为端点。

本书的前一稿写于新冠肺炎疫情之前，在其中我用了整整一章来证明远程工作被高估了。我引用的研究资料表明，我们最好的、最人性化的工作发生在我们与他人面对面的时候，而不是通过屏幕。我认为，为了准备好应对充满人工智能的未来，我们需要真正地在一起工作，即在办公室和工作场所里工作，我们可以在那里遇到同事，进行自发讨论，并随时提出创造性的想法。出于显而易见的原因，我删掉了那一章。（我很喜欢适度与众不同的观点，但是告诉人们在新冠肺炎疫情期间要挤进拥挤的办公室里，感觉就有点儿过头了。）

现在很明显，远程工作将继续存在，虚拟协作将成为很多白领专业人士工作的一部分。2020 年 7 月，加德纳的一项调查发现，82% 的企业领导者计划在疫情之后允许员工至少兼职远程工作，近一半的受访者表示，他们计划允许全职、无限期的远程工作。[12]

在新冠肺炎疫情期间，转向远程工作显然是正确的选择，对很多可以选择灵活远程工作的员工来说，从高成本城市迁移出去仍然是有意义的。但我仍然相信，当涉及我们将来需要从事的那种深度人性化的工作时，那些有定期的与同事面对面接触的人将会具备优势。这个观点得到了有力的证据支持。

在疫情期间，我很难在家里把工作做得很好。我并不是个例，随着疫情的持续，很多员工感到沮丧，他们发现自己很难产生创造性的想法、建立团队友谊，以及通过 Zoom 和 Slack

（企业聊天工具）招聘新员工。他们也非常疲惫，因为要兼顾育儿和病毒预防措施，还要整天盯着同一个屏幕。

高管们也很沮丧。Adobe（奥多比）的首席执行官山塔努·纳拉延（Shantanu Narayen）抱怨说，远程工作正在损害公司启动新计划的能力。[13]纳拉延说："当你试图创建一个新项目时，你会希望人们围坐在一起。"网飞公司的首席执行官里德·哈斯廷斯（Reed Hastings）在接受《华尔街日报》采访时称，远程工作是"纯粹的负面影响"[14]。当被问及他计划何时将团队带回办公室时，哈斯廷斯回答说："疫苗批准后的12小时。"

高管们想回到办公室，这不足为奇。研究发现，处在同一个房间里的几组人解决问题的速度比通过电脑协作的人更快，[15]地理位置更近的学术论文合著者的研究质量往往更高。[16]研究还表明，团队凝聚力在远程工作安排中会受到影响，尽管远程工作人员可能比办公室工作人员生产力更高，但他们通常缺乏创造力。[17]

当然，远程工作对员工来说也有很多实际的好处。远程工作的父母可以花更多的时间陪孩子，工作人员可以避免压力巨大的通勤，残疾人通常可以更容易地在家庭办公室工作。但是这些好处也需要权衡。在家工作模糊了工作与休闲之间的界限，让很多人更难断开连接和为自己充电。此外，远程员工放弃了办公室文化的很多社会效益，比如面对面的联系、指导和职业发展。他们错过了旧金山州立大学的管理学教授约翰·苏利文（John Sullivan）所说的"偶然的互动"[18]，比如在自助餐厅或在咖啡机旁排队的员工之间随机、偶然的相遇，这通常会引发新奇的对话和意想不到的想法。

但是，当涉及自动化时，远程工作的最大风险是，在没有面对面互动的情况下，你更难展示你的人性。从某种意义上说，远程工作人员已经实现了一半的自动化。他们在 Zoom 聊天中以二维头部视频的方式参与体验，在 Slack 中参与体验的则是一些用户头像。他们的产出通常是根据完成的任务和达到的指标来衡量的，他们以更微妙、更人性化的方式为组织做出贡献的能力是非常有限的，比如鼓舞士气低落的同事、组织"快乐时光"活动、向实习生展示工作诀窍等。

正因为如此，对远程工作人员来说，在表达自己的人性以及提醒他人他们的存在时，走极端的方式更为重要。对聘用远程工作员工的组织来说，让这些员工定期参加面对面的聚会是很重要的，这样他们才可以完全社会化，并融入组织的团队。

甚至在新冠肺炎疫情之前，有些公司就已经在尝试一些

方法，让远程员工感觉更具备社会联系。在开源合作平台
GitLab 里，远程工作人员被鼓励安排"虚拟咖啡时间"（纯粹
的社交视频会议）并加入"随机房间"（一个永远在线的谷歌
视频群聊，起到一种虚拟饮水机的作用）。[19] 在总部位于西雅
图的软件公司 Seeq 里，每天有一名员工负责"分享时间"，这
是一个自主选择非工作话题的 15 分钟视频演讲。[20]Automattic
是 WordPress 的全远程开发商，该公司每年组织一次"大型聚
会"，这是一次为期一周的务虚会，公司的 700 多名员工在白
天参与协作项目，晚上进行社交活动。[21]

　　这些都是让远程工作人员感到更有归属感的好方法，但是，
它们仍然不能真正替代办公室生活中的社交互动。所以，如果
你是一名全职的远程工作者，那么你应该不遗余力地在你的生
活中加入社交活动，在你附近的餐馆和其他远程工作人员会面，
与你的同事建立一些纯粹的网络社群，开始举办一些虚拟聚餐
或进行轮流的礼物交换。你要将自己放在能够展现自身人性的
位置上，放在别人不会把你视为机器人的位置上。

———————

　　如果你像我一样，从事的工作并不经常要求你充当一个端

点，那么你要意识到自己的运气非常好，而且不要依赖这种好运气。你要时刻关注你所在领域的发展情况，以及一些新技术的应用情况，这些技术可能被用来将你现在的角色转变为更多由"机器管理"的角色，或者让你远离工作中人性的部分。

如果你管理着一个团队或领导着一个组织，那么你要确保你正在部署的技术是增加人的自主权，而不是让他们丧失人性。你要邀请员工参与围绕自动化的决策过程，并征求他们的反馈，了解机器如何为他们工作（或没有为他们工作）。请记住，在洛德斯顿发生的事情也可能发生在你的组织中。在那里，工人们厌倦了被当作机器人一样对待，然后，一家高科技的、生产率超高的公司被迫屈服于他们的诉求。

如果你是一个"机器管理"的端点，或者你认为自己可能成为一个端点，你就有几个选择要做。

首先，只要有可能就离开。端点工作是非人性化的，员工极易受到自动化的影响，而且在足够完善的技术到来之前，这些工作本质上只是权宜之计，很少随着时间的推移而改进。如果你的工作主要是将信息从一个系统转移到另一个系统，我建议你为自己设置一个不同的角色，其中涉及更复杂的、基于判断的工作。如果你是一名数字广告的采购人员，那么你可以要求更早地参与广告团队的创作过程；如果你从事销售工作，我建议你参加战略会议，而不仅仅是制作幻灯片。

其次，如果你无法换一份工作，我建议你改变当前的工作，以使你的工作更加人性化，并让你更好地控制自己的工具。很多工会已经成功地为他们的成员争取到了这种条款，制造业几十年的劳工激进主义可以成为白领员工的一个效仿榜样，比如20世纪70年代的洛德斯顿谈判导致通用汽车公司设立了由工人领导的"人性化团队"。

再次，如果你不可能对当前工作进行改变，也没有办法避免从事"机器管理"的工作，要么因为你是共享平台的一名合同工，而该平台的整个商业模式都基于机器管理的工作，比如像优步或来福车那样，要么因为你没有影响力或权力去建议对你的工作进行改变，那此时你需要制订一项"逃脱计划"。

历史给我们的一个明确的教训是，人们无法长期被作为端点。我们有太多的动机来将这些流程全部自动化，也有太多的技术专家致力于让人类脱离这个循环。当机器可以相互交流的那一天终于到来时，你不会想看到自己正站在中间，疑惑自己的工作去了哪里。

法则 6 像对待一群黑猩猩一样 对待人工智能

我们修复了一个技术问题，这个问题导致 Facebook 在将缅甸语翻译成英语的过程中出现错误。这本不应该发生，我们正在采取措施，以确保这种情况不会再次发生。[1]

——Facebook 的一名发言人就该公司的
机器学习人工智能中的一个缺陷道歉

迈克·福勒（Mike Fowler）起床很早，这时他的手机开始嗡嗡作响。

那是 2013 年一个星期六的早上，居住在澳大利亚墨尔本的美国创业者福勒已经习惯了在空闲的时间回复商务邮件。他是一家名为"固体黄金炸弹"的服装公司的创始人，该公司在网上出售设计新颖的 T 恤和其他服装，总有某个地方的客户或员工有什么事找他。

但是，当他低头看手机时，他感觉有什么东西不对劲。他看到陌生人在 Facebook 上发来信息，给他起了各种难听的名字；一封来自亚马逊高管的紧急邮件；英国广播公司的一个采访请求。

"我当时想，天哪，一定是有什么事发生了。"他告诉我。

当意识到发生了什么的时候，他的心往下一沉：他的算法背叛了他。

一年多以前，福勒偶然想到了一个创意，这彻底改变了他的公司。他曾见过其他 T 恤设计师使用 Facebook 定向广告来销售一种 T 恤，这种 T 恤上的文字将流行短语与针对特定受众的信息结合在一起。（你可能已经注意到，这些 T 恤在 2012 年和 2013 年在你的 Facebook 订阅源上做过广告；T 恤上的文字是"永远不要低估一个 8 月出生的小熊队球迷"，或者"对不起，我已经被一名叫塔米的性感牙医带走了"。）

福勒想知道，他如果能使用一种算法来设计这些 T 恤，不是面向数百名不同的细分人群，而是面向数百万人呢？他写了一个简单的脚本，从字典中提取单词，将其插入流行的广告用语中，自动生成 T 恤设计，并将每一件设计以几十种不同的颜色和尺码在亚马逊上展示。

福勒在 2012 年的"黑色星期五"推出了他的 T 恤算法，到了接下来的星期一，他就卖出了 700 多件 T 恤，这比他通常一个月卖出的还要多。从那以后，事情就起步了。他的算法生成了1 100多个不同的模板，在线设计了2 000万件不同的T恤。这些算法生成的T恤上的文字并非全部都有意义，但这并不重要。创建亚马逊产品页面是免费的，T恤是按需印制的，这意味着它们不需要以实体形式存在，直到感兴趣的小熊队球迷或牙医来下单购买。

这看起来似乎是一个绝妙的计划，直到2013年3月2日。有一名顾客在浏览亚马逊网站时看到基于流行口号"保持冷静，继续前进"（Keep Calm and Carry On）生成的一些令人感到不安的T恤，这些T恤文字用到了福勒忘记从其算法词库中排除掉的一些单词，包括类似下面的这些。[2]

保持冷静，袭击她。

保持冷静，用刀砍她。

保持冷静，强奸很多人。

感到被冒犯的顾客在Twitter上发布了这些T恤的图片，随之而来的是一片哗然。

当福勒意识到发生了什么时，他试图在Facebook上解释这些信息是由算法生成的，没有真人见过或认可这些内容，而且这些T恤从来没有以实体形式存在过，但为时已晚。亚马逊关闭了"固体黄金炸弹"的店铺，因为它违反了平台规则。几天之后，福勒被迫解雇了他所有的员工，并关闭了公司。

忘记从常用动词数据库中删除潜在的冒犯性词汇，这个简单的错误改变了福勒的一生。在T恤事件过去6年之后，我跟他谈过，他告诉我，他还在为曾经发生过的事情耿耿于怀。

"这是一个艰难的过程，"他最近说，"我从来没有完全恢复过来。"

如果有一天，1 000只黑猩猩组成的大军出现在你的办公室找工作，那么你会怎么做？

在实际的情况下，你可能会锁上门，并打电话给动物控制中心。但是，让我们暂时搁置现实，想象一下，如果你没有惊慌失措，而是，试图找一项任务给它们完成呢？

毕竟，在合适的环境下，黑猩猩可以成为优秀的工作者。它们强壮、敏捷、相当聪明。经过训练，它们可以识别人脸、拿起和搬运物品，甚至对简单的命令做出反应。你可以想象，一群训练有素的办公室黑猩猩装卸仓库货物或补充激光打印机库存。

当然，在你做出任何承诺之前，你当然想更多地了解黑猩猩。它们过去表现得有多好？它们有攻击史吗？它们需要多少培训和监督？最终，即使你真的决定邀请一群黑猩猩进入你的办公室，你也不会立刻这么做。你可能会进行一次"黑猩猩安全审计"或召集一个"黑猩猩监督工作组"。你可能会将少量的黑猩猩放在一个房间里进行严密监督，训练它们完成一些简单的任务，并评估结果，然后再给它们分配更重要的任务。

　　但是，不管你的风险承受能力如何，我都相当肯定，你不会直接邀请黑猩猩进来，给它们工牌和挂绳，然后说"好了，开始工作吧"，而且你肯定不会让它们对结果负责。

———————

　　你可能明白我的意思了。

　　在上一章中，我们讨论了如果人变成端点（当一个流程还不能完全自动化时，人被召集来填补空白）会发生什么，但相反的问题同样存在。很多组织都犯了过度自动化的错误，即赋予机器确实没有能力处理的任务和权限，并在事情出现严重错误时感到惊讶。

　　在过去的几年里，我见过很多企业高管，他们相信人工智

法则6　像对待一群黑猩猩一样对待人工智能

169

能是一种令人难以置信的变革性技术，在工作场所使用人工智能是一个不用动脑筋的决定，不会比在自助餐厅更换沙拉调料更重要或更具破坏性。他们渴望让尽可能多的机器工作，不仅仅是后台无聊的 RPA（机器人流程自动化）机器人，而且是真正的人工智能，它们能够做出关于战略和运营的关键前台决策。事实上，这些高管中有些人渴望将自己工作的一大部分交给人工智能。在《麻省理工学院斯隆管理评论》最近的一篇文章中，两位企业高管预测了自动驾驶公司的快速崛起，在这些公司中，人工管理人员少之又少，公司的大多数决策，包括招聘和解雇，都是由算法做出的。[3]

恕我直言，这些人可能脑子进水了。事实上，如果你和在人工智能及机器学习领域一线工作的计算机科学家聊聊，他们会告诉你，即使目前最好的人工智能，也远不值得这种漫不经心的信任。

现在，大多数人工智能都类似于一群黑猩猩。它们很聪明，但不如人类聪明。如果经过适当的训练和监督，那么它们可以遵循指示，否则它们可能会出现不稳定性和破坏性。经过多年的训练和发展，人工智能可以做一些超人的事情了，比如从10亿个电子邮件收件箱中过滤垃圾邮件或创建100万份个性化音乐播放列表，但人工智能并不特别擅长被扔进全新的、高风险的环境之中。

"人工智能古怪"（AI Weirdness）是我最喜欢的网站之一，这是一位名叫贾内尔·沙内（Janelle Shane）的计算机科学家的博客网站，她在加利福尼亚大学圣迭戈分校攻读博士学位期间，在研究神经网络时创建了这个博客，而神经网络是一种模拟人脑处理信息的人工智能。沙内注意到，有时在她训练神经网络执行任务时，神经网络会以一些奇怪的方式失败。有一次，她使用从一家动物收容所获得的 8 000 多个猫的名字的数据集来训练一个神经网络给猫命名。该程序获取了真实的猫的名字列表，并生成了新的、虚构的名字，包括如下这些。

Jenderina

Sonney

Mrow

Jexley

Pickle

Marper

Foppin

Boby Booch Snowpie

Big Wiggy Bool

还有一次，沙内训练了一个神经网络来生成鸡尾酒配方。神经网络输出的第一个结果是一款名为"Morale 和 Phop Ngaba"的酒，它的配方是下面这样的。

1.5 盎司线性应用

1 盎司脆皮汁

1 茶匙乱七八糟的汁

加小白鼠

把 Fttr 放入鸡尾酒杯

沙内将"人工智能古怪"网站的内容进行了扩展，写了一本名为《你看起来好像……我爱你》[4]的书。她可能会指责我给了人工智能太多的信任，因为我将人工智能与黑猩猩做了类比。（事实上，她做了一个不同的动物学比较，认为"人工智能具有近似蠕虫的脑力"。）她写道，如果没有人类的密切监督，人工智能不仅会犯一些有趣、无害的错误，还会犯真正危险的错误。

沙内写道："因为人工智能很容易在不知不觉中解决错误的问题，破坏一些东西，或者走一些不恰当的捷径。我们人类需要确保它们的'绝妙解决方案'不是显而易见的愚蠢错误。"

但这一警告显然没有引起美国企业决策者们的注意，因为他们似乎仍然对人工智能的智慧过度信任，其后果往往比意外地宣传一些冒犯性的 T 恤或提出令人恶心的鸡尾酒配方要严重得多。

例如，2012 年 8 月 1 日，一家名为骑士资本（Knight Capital）的股票经纪公司在 45 分钟内损失了 4.4 亿美元，因为此前一个安装不当的自动交易系统迅速买卖了数百万股股票，推高了股票的价格，并在股票必须转售时造成了巨大损失。[5]亏损几乎令骑士资本破产，该公司不得不接受数亿美元的紧急融资，以维持下去。

或者以沃森为例，它是 IBM 公司的一项人工智能技术，它因击败了 2011 年益智类游戏《危险边缘》的冠军而广为人知。2013 年，IBM 与得克萨斯大学安德森癌症中心合作，开发一种新型的基于沃森的肿瘤学工具，这个工具可以为癌症患者推荐治疗方法。但是这个项目有缺陷。2018 年，卫生新闻出版物 Stat 获得的内部测试发现，沃森接受的是不恰当的训练，因为数据来自假设患者而不是真实患者，结果，沃森提出了一些错误的治疗建议。[6]据报道，在一个病例中，沃森建议医生给一名 65 岁、严重出血的肺癌患者服用一种可能使其出血状况恶化的药物。（IBM 在一份声明中告诉 Stat，该公司已经"根据客户的持续反馈、新的科学证据以及新的癌症及治疗方案，对'沃森健康'进行了分析和完善"。）

有缺陷的人工智能通常会对边缘化人群造成不成比例的影

响，因为用于训练算法的数据通常是从历史来源中提取的，而这些数据又往往反映了自身的偏见模式。例如，用于训练执法机构使用的"预测性警务"软件的很多逮捕数据，反映了几十年来对以黑人和拉丁裔居民为主的社区系统性的过度警务化，以及停车搜查等种族歧视政策。[7] 美国法院已经采用了一种臭名昭著的执法算法，名为"替代制裁的罪犯改造管理程序"（后简称 COMPAS），它根据计算机生成的对刑事被告再次犯罪可能性的预测提供判决建议。*ProPublica* 在 2016 年的一项调查发现，与标记白人被告相比，COMPAS 将黑人被告标记为未来罪犯的可能性几乎高出两倍。[8]

在世界各地，有缺陷的和未经测试的人工智能和自动化系统正在被赋予令人难以置信的重要决策权。虽然一些政府、公司和组织可能正在以正确的方式部署这些系统，即深入、严格地评估新算法，进行威胁建模和场景规划以找出可能出错的地方，并配置大量的人工监督，但也有很多地方没有这样做。人们只是打开大门，让黑猩猩大军进来，并祈祷出现最好的结果。

计算机科学家、深度学习领域的先驱约书亚·本吉奥（Yoshua Bengio）是你能想到的倡导将人工智能融入每个重大决策过程的人之一。但在 2018 年接受记者马丁·福特采访时，他强烈反对使用人工智能做出那些重要的、改变人生的决定，例如决定一名被定罪的重刑犯应该入狱多长时间。[9]

本吉奥说："人们需要理解，当前的人工智能以及我们在合理的未来可以预见的人工智能，现在没有、将来也不会对'什么是对、什么是错'有道德意识或道德理解。把那些决定交给机器来做是疯狂的行为。"

连特斯拉首席执行官埃隆·马斯克这种深信人工智能潜力的人也经历过赋予自动化系统太多权力的危险。2018年，特斯拉在完成其Model 3轿车生产目标方面遇到了困难，部分原因是该公司工厂里依赖自动传送带系统的机械一直出现故障。

在经历了几次令人沮丧的生产放缓后，马斯克停止了传送带，并引进人工来代替机器。[10]生产速度加快了，公司回到了实现目标的轨道上。马斯克后来承认，将如此多的权力交给机器是错误的做法。请记住，他认为超级智能最终将对人类文明构成威胁。

他在Twitter上写道："特斯拉的过度自动化是一个错误，人类被低估了。"

———————

需要明确一点，我并不主张拒绝在重要的任务中使用人工智能。我只是建议，我们应该非常谨慎，不要给机器过多的权力，以免超出它们可以负责任地处理的范畴，或者将算法放在其错误会伤及无辜的位置上。

加强政府监管在这方面会有所帮助。布鲁金斯学会的研究人员约翰·艾伦（John R. Allen）和达雷尔·韦斯特（Darrell M. West）在他们的著作《转折点》（*Turning Point*）中提议，要求公司和政府机构提交"人工智能影响声明"，这类似于房地产开发商在启动新项目之前必须提交的环境影响声明。[11] 这些声明将概述新的自动化系统对员工产生的潜在影响，并详细说明为减轻这些风险而采取的步骤。2019 年，美国参议员科里·布克（Cory Booker）和罗恩·怀登（Ron Wyden）以及众议员伊薇特·克拉克（Yvette Clarke）提出了类似于《算法问责法案》（Algorithmic Accountability Act）的东西，该法案将授权联邦贸易委员会审计那些"高度敏感的自动化决策系统"（比如用于筛选求职者的算法），以寻找设计中存在偏见或缺陷的证据。[12]

负责任的技术公司也可以提供帮助，它们要做的是在公开发布之前控制实施的节奏，并思考其创新的人工智能工具可能会如何被滥用。2019 年，非营利性人工智能实验室 OpenAI 树立了一个负责任部署的好榜样，当时它将其创新文本生成算法 GPT-2 完整版本的发布推迟了。专家们对 GPT-2 运用人工智能来预测输入序列中的下一个单词表示担心，它还可以以一种怪异的人性化方式将用户提交的部分文本补充完整，这种技术可能被用来传播虚假新闻或传播计算机生成的宣传口号。因此，该组织只发布了一个部分的、功能较弱的版本，直到其能够观察到它在自然情况下是如何被使用的。（9个月后，该组织发布了GPT-2的完整版本，声称"迄今为止，还没有确凿的证据证明其被滥用"。）

但是，我们不能等到新的法律出台才开始试图阻止对人工智能的鲁莽和不负责任的使用，或者依赖人工智能开发者的道德准则。

如果你是一名员工，在缺乏适当预防措施的情况下，你的组织正在实施人工智能和自动化，那么你可以大声疾呼。你要确保你的经理了解不可预见的错误背后隐含的潜在成本（财务、法律和声誉），并提出让员工参与关键流程的理由。你可以建议进行一次假想敌练习，让你和你的同事们试着想象和模拟自动化系统可能出错或被误用的所有情况。或者，就像一些制造业企业在20世纪七八十年代所做的那样，企业可以成立一个"自动化委员会"，委员会由不同部门的员工组成，他们可以就自动化系统如何工作交换意见，并将他们的发现提交给企业的管理层。

法则6　像对待一群黑猩猩一样对待人工智能

如果你生活在一个社区，那里使用的人工智能和自动化系统侵犯了人们的隐私、惩罚了弱势群体，或者对政府福利和住房等问题做出了高风险决策，请敦促当地的政府官员展示这些系统的运作情况。如果你不能确定这些工具是否产生了负面影响，或者无法取得相关数据，那么你可以研究一下其他社区是否存在类似工具的问题，必要时你还可以与公民自由组织合作。诸如此类的干预可能是有效的。比如，2020 年，芝加哥警察局宣布放弃采用备受争议的 Clearview AI 公司开发的面部识别技术的合同，此前公民活动家和美国公民自由联盟（ACLU）提起诉讼，指出该技术可能会伤害家庭暴力的幸存者、无身份移民和其他弱势群体。[13]

如果你是组织里决定是否采用人工智能和自动化的领导者，请记住迈克·福勒和他设计 T 恤的算法。然后，你要确保你的算法不会因为存在缺陷的设计或有偏差的训练数据集而引发错误或延续偏差。（现在有"人工智能审计师"可以帮助评估算法，以发现此类问题的迹象。[14]）你要谨慎对待第三方供应商，并对圆滑的推销持怀疑态度，尽可能在这个过程中让人类员工参与。

老板们，请你们记住，有缺陷的或过早的人工智能部署所带来的后果将由人类决策者而非机器人来承担。打个比方，如果一群黑猩猩摧毁了你的办公室，那么没人会对黑猩猩生气。

法则 7　创建大网络和小网络

如果我们目睹了这场波及成千上万人的灾难，却没有找到解决方案，那么我们的文明既没有"技术先进"，也没有"社会开明"。我所说的解决方案是一种实际的、真实的替代方案，能够为工人提供同等的生活水平，而这种生活水平之前被一种叫作"进步"的力量剥夺，但对某些人来说，这就是毁灭。

——马丁·路德·金（Martin Luther King，JR.）

在 1961 年给美国运输工人联合会

做的一场关于自动化的演讲

　　几年前的一个寒冷的冬日，我飞到加拿大的多伦多市，租了一辆车，向北行驶了一个小时，来到安大略省的一个名叫滑铁卢的中等规模城市。我按照全球定位系统（GPS）的导航来到了一处不起眼的办公园区，把车停在一个大停车场，里面有一个写着"移动研究公司——西停车场"的小牌子。停车场里零星地停着几辆车，但是我到达的时间是工作日的下午 4 点多，大部分地方都是空着的。

10 年前，这个时候的停车场应该已经停满了车。[1] 在巅峰时期，作为黑莓手机的制造商，移动研究公司是科技领域最大的公司之一，年销售额达到 200 亿美元，员工超过 2 万人。移动研究公司从这里起步，随着它成长为一个庞然大物，它的成功将滑铁卢变成了一个新兴的城市。当然，那是在 2007 年之前。2007 年，苹果推出了 iPhone，并让移动研究公司经历了一场漫长而痛苦的淘汰过程。随着消费者蜂拥购买 iPhone 和安卓设备，移动研究公司的黑莓手机销量暴跌，亏损不断加大，公司被迫解雇了大量员工。

移动研究公司的衰落给滑铁卢市带来了沉重的打击，无论在经济上还是在精神上。该公司曾是这个城市的骄傲，它将这里打造成了全球科技中心。尽管公司最好的日子已经一去不复返，但这个城市里的人还骄傲地拿着他们的黑莓手机，祈祷着公司能东山再起。

大公司的倒闭并不罕见，依靠这些大公司的地区在随后的几十年面临挣扎也不罕见。我们可以看看自 20 世纪 60 年代美国汽车工业达到顶峰之后，美国底特律市发生了什么，或者看看自其最大的企业柯达公司崩塌和破产以来，美国纽约州罗切斯特市的情况如何。

但不像那些工业城市，滑铁卢市并没有"死掉"。事实上，情况恰恰相反。大多数被移动研究公司解雇的员工很快就找到了其他工作。谷歌和Facebook等美国科技公司突然涌入，雇用了该公司以前的一些员工，其余的大部分员工被当地的初创公司和加拿大的一些大公司接手。如今，滑铁卢市的经济欣欣向荣，家庭收入中位数比移动研究公司全盛时期更高，失业率更低。

滑铁卢市的快速复苏，部分原因与这样一个事实有关，即很多被解雇的移动研究公司的员工都是技术工人，拥有受欢迎的技能。但是，技术技能并不能解释整个现象，因为移动研究公司的非技术员工也很快恢复了元气。

我在滑铁卢待了一个星期，与当地政府官员、前黑莓员工和社区领袖谈论这个城市是如何从黑莓手机的崩溃中恢复过来的。我了解到，这个城市的生存背后有两个主要因素。

首先是我所说的"大网络"。大网络是可以缓解突发性就业冲击的大规模计划和政策。加拿大的全民医疗体系就像一张大网络，其相对慷慨的失业福利也是如此。此外，滑铁卢市的居民告诉我，省政府在麻烦刚刚冒头的时候就介入了，对那些愿意雇用下岗员工的公司给予激励政策，并优先将这些员工留在该地区。

滑铁卢复苏的第二个因素是我所说的"小网络",即在困难时期给予我们支持的非官方的本地网络。滑铁卢市是一个紧密连接的社会,充满了各种小网络,并且流传着一种慷慨的文化,这种文化可以追溯到 18 世纪最初定居者的门诺派根源。当黑莓手机陷入困境时,这些小网络就被激活了。Communitech 是该市的一个社区技术教育中心和联合办公空间,它为下岗的员工提供免费办公场地和其他福利。邻居和朋友会互相交流工作机会信息,城市的居民会组织起一些招聘会,并邀请外地企业前来招聘。

前黑莓员工丹·西里维斯塔鲁(Dan Silivestru)告诉我,这种集体式的反应对该市的人来说是自然而然的。

西里维斯塔鲁说:"这是门诺派教徒建造谷仓的方式。当移动研究公司开始出现问题时,每个人都放下了自己手上的项目,说'好的,该去帮忙了'。"

———————

到目前为止,在这本书里,我们主要讨论了如何为技术变革带来的影响做好准备。但是,我们也应该承认,无论我们多么努力地准备,或者开发了多少人类技能,人工智能和自动化都会让我们大吃一惊。

这也是我去滑铁卢市的原因。我想弄清楚，这个城市如何在一场毁灭性的技术变革中幸存下来，并且没有让它演变成一场永久性的灾难。我想看看，滑铁卢市在"后黑莓时期"的韧性是否对其他地区有借鉴意义，这些地区可能要面临即将到来的人工智能和自动化浪潮不成比例的冲击。

有一点我们要明确：并不是每个地区都像滑铁卢一样复苏了。我的家乡在美国俄亥俄州的东北部，我从小在这里长大，曾经支撑着这个地区几十万个就业岗位的制造业经济已经被贸易政策、自动化和政治上的渎职行为掏空了。被通用汽车、福特汽车和该地区其他重要企业解雇的很多工人从未站稳脚跟。他们有的找到了低收入的工作，有的离开这个地区去寻找更好的工作，有的干脆完全退出了劳动力市场。对这个地区来说，失去这些工作是毁灭性的，在过去的20年里，这里的贫困人口数量翻了一番。

类似的悲剧在美国各地上演，在一些地区，主要的可持续产业已经消失。很多相信人工智能和自动化将会取代更多人工的经济学家、技术专家和政治家提出了可以减轻这一打击的大网络解决方案，包括全面的政策调整和社会福利计划。

从历史上看，大网络让社会更容易适应技术变革。例如，随着 20 世纪 80 年代日本的很多工厂引入机器人，该国广泛实施的一项被称为"shukko"的劳动力措施减轻了大规模裁员的打击。[2] 根据"shukko"的安排，原本要被解雇的员工可以暂时"租借"给其他公司，期限长达几年，而原雇主会为他们找到新的工作。

在瑞典，一些被称为"工作安全委员会"的团体的存在，让那些因自动化而失业的员工受益。[3] 这些委员会（名字比较拗口，比如"特里格黑茨尔德""特里格黑茨提费尔森"等）是一些私人社团，涵盖数万家公司的员工。企业老板要向委员会支付费用，当员工被解雇时，委员会给他们提供遣散费，并由个人工作顾问帮助他们找到空缺的职位，并在他们寻找其他工作时提供专业上和情感上的支持。

现在，美国的人工智能专家最常提出的大网络建议是全民基本收入（后简称 UBI）。根据 UBI 计划，所有成年公民每月都将获得一笔不附带条件的现金补助，无论他们的就业状况或收入情况如何。美国有几个地区已经在测试小规模的 UBI 计划，早期效果令人鼓舞。

包括比尔·盖茨和纽约市长比尔·德布拉西奥（Bill DeBlasio）在内的一些领袖人物提议通过实施"机器人税"来为扩大的安全网项目买单。[4] 部署了自动化系统的企业将为替代人工的每个机器人支付额外的税款，这就相当于人类员工的工资税。还有人提议修改美国税法，目前的税法对包括计算机和机器人在内的物理设备征收的税率低于人工的税率，这实际上激励了企业去实施自动化，而修改税法会使得企业急于实现自动化的理由减少。

很多企业领袖已经开始接受"学习新技能"或"升级技能"的计划，让那些只拥有即将过时的技能（比如驾驶卡车或操作叉车）的员工接受培训，训练他们从事其他更相关的工作（比如操作无人机或编写代码）。亚马逊、美国电话电报公司和摩根大通等公司已推出了雄心勃勃的再培训计划，美国的一些州和地方政府也制订了自己的劳动力培训和数字技能计划。但到目前为止，几乎没有证据表明这些计划确实可以大规模运行。很多公司发现，招募新员工比重新培训现有员工更容易，而且一些急需的技能需要专门的知识，比如数据科学，而这是为期6周的培训无法教授的。世界经济论坛2019年的一份报告估计，在未来10年内将被自动化完全取代的员工中，只有1/4的人能够通过私营机构推出的培训计划成功地学习新技能。[5]

就我个人而言，我怀疑私营机构是否会将我们从问题中拯救出来，因为这些问题本身也是它们正在推动造成的。我倾向于接受一项UBI式的计划，再加上全民医疗保险和针对自动化导致失业的员工的慷慨失业福利，这类似于新冠肺炎疫情期间美国联邦政府通过紧急现金转移的方式进行干预。

无论我们做什么，无可争辩的是，为解决当前与自动化相关的经济问题，任何联合的行动都比在美国联邦政府层面做的努力要好，因为后者本质上什么也没做。

除了大网络之外，我们还需要考虑可以创建的小网络，相互支持以度过这种技术转型期。因为在缺乏一些相当激进的经济和政策变革的情况下，我们将不得不自己做更多的事情。

我们在新冠肺炎疫情危机上的应对就是一个有用的指南。当疫情暴发时，美国各州和地方政府搜集各自的数据、签署各自的协议和建立各自的供应链，弥补了特朗普政府在处理这一局面时的无能。邻里之间形成互助网络，为贫困和弱势居民筹集资源、安排食品杂货和其他援助，并帮助大家抵御财务困难。捐赠物资涌入食品银行、工人救济基金和小企业筹款项目。人们把多余的房间借给医护人员，并安排口罩缝制车间。

有责任心的公司也加入进来以创建自己的小网络。爱彼迎是硅谷受疫情影响最严重的公司之一，在经历了前所未有的收入下滑之后，公司被迫裁员 25%。[6] 除了给这些员工丰厚的遣散费之外，该公司还通过建立一个"校友人才目录"来帮助他们找到新工作，该目录中有下岗员工的简介和作品样本，公司还将其招聘团队（毕竟招聘活动不多了）变成一家临时的再就业公司。埃森哲、威瑞森、林肯金融集团、ServiceNow等公司的高管联手创立了一个平台，帮助下岗员工与希望填补空缺职位的企业主联系，并完成了数百家公司的签约合作。[7]

小网络不是纯粹为了给下岗员工找新工作的，它们的好处可能是心理上的，比如，通过举办一场集体冥想练习，小网络可以在经济混乱中提供一种平静感和目标感。在当地的学校做志愿者、加入读书俱乐部或者仅仅是培养新的友谊，所有这些都是不同类型的小网络活动，可以让我们在面对变化时更有弹性。

小网络还可以帮助我们学习如何利用新技术造福人类，并庆祝新工具让我们的生活变得更好。

我最喜欢的一个小网络故事是关于农村电气化管理局的。这是罗斯福政府在20世纪30年代创建的一个新政机构，旨在将电力输送到美国的农村地区，每当一个新的城镇首次通电时，该机构都会举行全社区范围的庆祝仪式。对农村地区来说，通电是一件改变生活的大事。它使农民免除了繁重的劳动，将每天的耕作时间延长了几个小时，并提高了农作物的产量。

在历史学家戴维·奈看来，这些仪式通常会演变成热闹的社区聚会，其中有当地政客的演讲和模仿的"葬礼"，在"葬礼"上，一盏油灯被埋入地下，象征着一种旧技术的死亡和一种新技术的到来。[8] 1938 年，在美国肯塔基州的一次活动中，一名传教士对着煤油灯的"棺材"致了悼词，而当地的童子军则演奏了安息乐。

现在的新技术很少能受到如此热烈的欢迎。但是，我们可以尝试捕捉这种庆祝活动中的一些集体感觉，以及当地社区的成员聚集在一起讨论和发现新技术的含义。你可以想象一个由当地商会赞助的街区聚会，聚会的目的是庆祝 5G（第五代移动通信技术）连接的到来；或者一场"人工智能博览会"，举办方邀请了一些当地家庭来体验他们所在地区的公司正在使用的最新医疗机器人、自动驾驶汽车原型和机器学习程序。

尽管有时候很难想起，但科技曾经让我们走到了一起。如果今天的科技巨头停止开发那些会扩大分裂、加剧不平等的技术，并开始承担起公民责任，那么这种情况还会再次出现。

但我们不必等待这种情况的出现。作为一个社会，我们可以建立更多的大网络来帮助那些因技术变革而失去"平衡"的人。作为个人，我们可以选择创建和增强一些小网络，这样一来，如果变化来到自家门口，我们就拥有了应对变化所需要的东西。

法则 8　学习机器时代的人文学科

我们在训练人做机器做的事情。我们不应该这么做，而应该训练他们掌握独特的人类能力。

——保罗·多尔蒂（Paul Daugherty）

埃森哲首席技术与创新官

自从我开始写人工智能和自动化方面的文章，很多紧张的父母都问过我，他们的孩子应该学习哪些学科，以便为未来做准备。

在很长的一段时间里，我都没有一个好的答案。因为尽管我相信未来最有价值的技能是人性，即我们之前探讨的意外的、社会化的和稀缺的能力，但是仅仅学习传统的人文学科是否有助于他们获得这种能力？我没有什么信心。普通的人类学专业学生是否有可能比普通的工科专业学生更擅长社交？比起学习贝叶斯统计，阅读《贝奥武夫》是否能让你更擅长处理意外情况，或者发展成稀缺人才？

为了将我们的教育体系带入 21 世纪，相关机构已经提出并测试过很多想法，包括个性化课程、大规模开放在线课程（MOOC）和终身学习的成人教育计划。但是，这些课程很少经过充分的测试，所有的想法主要涉及我们应该"如何教"，而没有解决我们应该"教什么"的问题。由于所有这些课程都是为了改革我们当前的教育模式，比如强调某些学科、降低其他学科的重要性，调整班级规模以及更新教学方法等，所以它们缺少的东西还很多。

最近，我决定为未来列出自己的必备技能清单。我将这些技能称为"机器时代的人文学科"，因为虽然它们不是严格意义上的技术技能，但它们也不是像哲学或俄罗斯文学那样的经典人文学科。

相反，它们是实用的技能，我认为它们可以帮助所有人，从小孩到成年人，帮助他们最大限度地发挥自己相对于机器的优势。

注意力守护

丹尼尔·戈尔曼（Daniel Goleman）是普及了"情商"（E-motional Intelligence）一词的心理学家，他认为专注力（即引导自己注意力的能力）将是未来的一项关键技能。[1]他写道，能够保持专注、排除外部干扰，将有助于应对瞬息万变的未来，并应对技术变革给我们带来的起伏。

戈尔曼写道："那些专注力最强的人相对来说不受情绪波动的影响，在危机中更能保持镇定，即使生活充满情绪波动，他们也能保持平静。"

我更喜欢"注意力守护"这个词，而不是"专注"，因为前者承认，如今，当大多数人在与注意力不集中做斗争时，我们实际上在做的是守护我们的注意力免受各种外部力量的攻击，比如社交媒体应用程序、突发新闻提醒、一连串的短信和电子邮件，它们试图分散和转移我们的注意力。

有一些既定的方法可以用来训练我们的大脑，以便我们更好地守护自己的注意力。冥想就是其中一种，研究表明，即使短至8分钟的冥想也能减少走神。[2]呼吸练习、自然行走和祈祷也有帮助。对我来说，最好的注意力守护方式是阅读，即坐下来长时间阅读纸质印刷书籍，将手机藏在很远的地方。但是，我们可以对注意力守护策略进行更多的研究，尤其考虑到有人投入了大量的智力和金钱来分散我们的注意力。

守护注意力通常被认为是提高生产力的手段，即一种"分心更少、完成更多"的方法。但是，也有一些非经济方面的理由，可以让我们将注意力远离那些试图捕捉和转移注意力的事情。保持持续专注是我们开发新技能并与他人建立联系的方式。这是我们了解自己并构建起能够抵御机器影响的积极身份的方式。毕竟，正如历史学家和作家尤瓦尔·赫拉利（Yuval Noah Harari）所写的那样："如果算法能比你更好地理解你内心发生的事情，那么权力就会转移给它们。"[3]

情绪感知

最近，我听了Indeed.com首席经济学家杰德·科尔科（Jed Kolko）的演讲，面向一群可能已经为未来做好充分准备的人，他给出了一个意想不到的预测。他说，在人工智能和自动化时代，那些保持不出柜状态的性少数群体可能会表现得特别好，因为他们中的很多人都体验过那种需要高情商的微妙社交环境。

科尔科说："一个人在不出柜的情况下获得的技能，即感知别人情绪的能力，不会出现在技能清单中的任何地方，但最终将成为一种在各种工作场所都非常有价值的技能。"

我要将科尔科的预测往前推进一步，我认为女性和少数族裔也为未来做好了准备。在白人男性主导的工作场所里，很多女性和少数族裔每天都被迫进行语言转换和行为调整。基于一种本能，女性高管会放缓自己的语气以避免被视为咄咄逼人，或者黑人员工被告知，当他向团队做介绍时应该摈弃使用美国黑人英语。这可能会让他们在要求较高社会认知度的领域中站稳脚跟。

当然，生活在一个更公平的社会要好得多，在这个社会里，女性和少数族裔不需要如此小心地控制自我展示。但是，对那些擅长快速感知他人偏见和歧视的人来说，机器时代可能会给他们带来一线希望。

我们这些不承担代码转换和情绪感知负担的人，应该尝试以其他方式来培养这些技能，因为我们以后会需要。

休息

一个名为"午睡部"（The Nap Ministry）的 Instagram 账号是我最喜欢的社交媒体账号之一。

这个账号是由特里西亚·赫西（Tricia Hersey）运营的，她是一位来自美国佐治亚州亚特兰大市的黑人表演艺术家和诗人。[4]几年前，在尚处于后来演变成"黑人的命也是命"运动的早期，她在神学院学习，学业压力和广泛宣传的警察对黑人施暴的各种视频让她感到疲惫不堪。她决定开始每天午睡。在发现了午睡对自己精神健康产生的影响之后，她自称为"午睡主教"，并成立了"午睡部"，目的是向其他人，尤其是其他情绪疲惫的黑人，传授午睡的变革性潜力。

赫西告诉一名采访者："休息是会带来生产力的，当你休息时，你的效率很高。我试图重新定义休息，并消除人们的一种错误认知，即觉得如果没有在传统意义上'做事情'，那么你就没有价值。"

赫西认为，午睡和放松不仅仅是自我照顾，是一种反抗白人至上和资本主义压力的行为，也是从奋斗文化中夺回黑人身体的一种举措。她的 Instagram 账号里满是励志名言，比如"休息是一种解放活动""你不是一台机器""别埋头苦干了"。

尽管我不是赫西激进主义的目标受众，但我非常欣赏她将身体的休息重新定义为一个社会正义问题，并将它视为那些需要能量来抵抗压迫和为更公平的未来而战的人的一项必备技能。

通常在幼儿期之后，我们就不再将午睡时间纳入教育。但是休息，即"关掉"大脑，给身体"充电"，对所有年龄的人来说都是一项越来越有用的技能。它有助于防止倦怠和疲惫，让我们可以退后一步并拥有更广阔的视野，帮助我们摆脱成为生产力的仓鼠，并重新与自己最人性化的部分连接起来。我们中的很多人，包括我自己在内，都可以参加一堂相关的进修课程。

在旧经济体系中，我们的价值主要取决于我们的体力劳动，那个时候午休通常被视为一种放纵的奢侈。但在新经济系统中，更多的创造力和人类技能将我们与机器区分开来，我们应该重塑对休息的态度，并将其视为一种关键的生存技能。在科学上，休息与人类各种功能之间的联系非常清楚。沃尔特里德陆军研究所和其他顶级机构的神经科学家们的一些研究发现，长期睡眠不足会损害我们的道德判断，[5]降低我们的情商，[6]并损害我们的人际交往技能。[7]（更不用说它所带来的身体健康方面的风险了。）

除了开发自己的午睡技能，我们还应该推动一些结构性变化，以更大的规模减轻倦怠和避免过度工作。这种变化在一些国家已经发生了。2019 年，日本的一项法律将员工的加班时间限制在每个月 45 小时，无视这一限制的公司会被处以罚款；[8]2017 年，在法国生效的一项法律赋予员工"断开连接的权利"，并保护他们免受下午 6 点后被要求回复电子邮件的影响；[9]美国的一些公司已经开始实施强制性休假政策，并在周末关闭公司范围内的电子邮件系统。

一些学校也在尝试教导学生重视休息的价值。在哈佛大学，新生在进入校园之前必须参加一门名为"睡眠基础入门"的在线课程 [10]，该课程改编自著名睡眠研究员查尔斯·蔡斯勒（Charles Czeisler）开设的一个颇受欢迎的研讨班。布朗大学、斯坦福大学和纽约大学也开设了自己的睡眠研究选修课。

但是，这类课程不能只提供给精英大学生。在自动化的未来，随着我们更多的贡献来自重大突破、受启发的创意和情商，良好的休息将变得更加重要。

数字识别能力

作为一名专注于社交媒体领域的技术专栏作家，我在过去几年花了很多时间报道误导信息和阴谋论的危害。我相信你跟我一样都注意到，即使非常聪明的人，现在也一直在努力弄清楚哪些是对的、哪些是错的。

这并不让人感到意外。几十亿人从 Facebook、Twitter 和 YouTube 等社交网络获取新闻和信息，所有这些网络都使用算法来奖励那些吸引人的信息，无论其内容是否真实。这些平台的广告被设计得尽可能像原创帖子，这意味着大多数用户在快速浏览他们的订阅源时，无法区分付费消息和独立消息。在极少数情况下，当这些平台对一篇帖子进行事实核查时——比如，在一篇狂热的反疫苗的帖子下面，放置一个指向世界卫生组织（WHO）疫苗安全页面的链接——它们让用户完全不信任主流权威，以至于事实核查本身经常成为更多阴谋论的素材。

我不喜欢"媒介素养"这个流行术语，它意味着教给人们一种单一的、正确的方法来综合和解释新闻与信息来源，其中许多方法会相互冲突和碰撞，并且有一些是由不诚实的媒体黑客故意设计用来愚弄观众和操纵公众舆论的。

我更喜欢谈论的是"数字识别能力"，它反映了这样一个事实，即学习如何在模糊、混乱的网络信息生态系统中"冲浪"是一个持续的、终身的过程，而且这个过程会随着技术的转变以及媒体操纵者适应新的工具和平台而发生改变。

我们缺乏数字识别能力，这正在成为一个真正的社会问题。2015 年，斯坦福大学的一组研究人员进行了一项名为"公民在线推理"的研究。[11] 他们对 7 000 多名中学生和大学生进行了基本的新闻素养测试。在一项测试中，参与者看了一篇由银行赞助、金融企业高管撰写的金融规划文章，并被问及这是否可能是一个可信、客观的来源。另一项测试要求参与者评估两篇看起来相似的 Facebook 帖子，一篇来自福克斯新闻的官方 Twitter 账号，另一篇来自一个冒名的账号，然后研究人员让他们指出哪一篇是真实的。测试结果的糟糕情况令人震惊。超过 80% 的参与者将本地广告，即由广告商付费并被打上"赞助内容"标签的文章，误认为真实的新闻报道。超过 30% 的人认为假的福克斯新闻 Twitter 账号比真实的账号更可信。

研究人员写道："在每个层面的每次测试中，学生们缺乏准备的状况都让我们感到吃惊。"

数字识别不仅仅是年轻人的问题。事实上，一项研究发现，在 2016 年美国总统选举期间，65 岁及以上的人分享互联网上误导信息的可能性是年轻人的 7 倍。[12] 随着算法生成的文本、逼真的人工智能会话以及机器学习辅助生成的合成视频（DeepFake 技术）的兴起，虽然现在揭穿互联网误导信息已经很难了，但未来几年这将会变得更加困难。

我们没有完美的数字识别解决方案，但研究人员已经取得了一些进展。在非营利组织数据与社会（Data & Society）2018 年的一份报告中，莫妮卡·布杰（Monica Bulger）和帕特里克·戴维森（Patrick Davison）写道，虽然媒介素养计划有一些局限性，但某些类型的干预可能是有效的。[13] 他们提到了 #CharlottesvilleCurriculum（夏洛茨维尔课程）的例子。2017 年，白人民族主义者在美国弗吉尼亚州夏洛茨维尔市举行致命的"联合右翼"集会之后，这个话题标签在 Twitter 上流行起来。这场集会引发了大量的党派误导信息，此后，教育工作者和反诽谤联盟（Anti-Defamation League）等组织利用话题标签来分享建议，以促进种族、偏见和宽容等方面有建设性的课堂对话。

这是一个好的开始。但是，我们迫切需要更多的研究来了解什么样的干预措施是真正有效的，不仅要防止人们被误导信息欺骗，而且当他们开始相信阴谋论或上当受骗时，我们就要把他们拉回现实。在这种信息颠倒、认知混乱的环境中，能够区分事实和虚构将成为一种人类的"超能力"。数字识别能力将使人们更有效地过滤信息，避免被欺骗，并看穿现代信息战争的迷雾。

类似道德

弗兰克·陈（Frank Chen）是一位投资人工智能初创公司的风险投资家，对于那些咨询他哪些技能在未来会有价值的人，他推荐了一本非常规的书。这本名为《我需要知道的一切》（*All I Really Need to Know I Learned in Kindergarten*）的书是罗伯特·富尔格姆（Robert Fulghum）在1986年写的，里面全是各种听起来非常简单的生活建议，比如"分享一切"、"公平竞争"和"收拾自己的烂摊子"。

弗兰克认为，在这个时代，我们的价值将来自我们与他人交往的能力，尽管书中提及的是非常基础、初级的技能，比如善待他人、合乎道德、以亲社会的方式行事等，但这些都是我们这个时代急需的。[14] 我认为，这些技能都属于"类似道德"（Analog Ethics）的范畴。他写道：

虽然我知道，我们需要在这个基础上建立一套实用的技术知识，但我同意富尔格姆的观点，即富有情商、同情心、想象力和创造力的基础是一个完美的跳板，它让人们为基于机器学习的未来做好准备，包括成为最好的临床医生、解决实际问题的销售代表、真正理解我们何时处于危机中的危机顾问等，那时人类与算法会更好地融合在一起。

研究表明，传授"类似道德"可能是有效的。2015 年的一项研究追踪了从幼儿园到青少年时期的一些儿童，发现那些拥有强烈的亲社会、非认知技能（比如积极、同理心和调节自身情绪等特征）的人更有可能在成年后取得成功。[15] 2017 年的另一项研究发现，即使在控制了种族、社会经济地位和学校位置等变量的情况下，参与"社会情感"学习项目的孩子更有可能从大学毕业，成年后被捕入狱的概率更低，并且出现精神健康障碍的情况也更少。[16]

当然，对年龄更小的孩子来说，分享、公平游戏和道歉等基本技能永远都是课程的内容。但是，学校现在开始明确地围绕培养善良来设计项目，威斯康星大学麦迪逊分校健康心智中心开发了一套"善良课程"教学材料，以帮助学龄前儿童学习基本的正念技能，这些技能可以帮助他们理解自己的情绪和他人的情绪。加拿大教育家玛丽·戈登（Mary Gordon）开发的"同理心的根源"项目旨在帮助学生培养同理心和情感素养，包括美国、韩国和德国在内的14个国家的学校正在推行该项目。

年长的学生也在尝试重温"类似道德"。例如，在斯坦福大学，学生们可以参加一个名为"变得更善良"的研讨会，该研讨会教授关于利他行为的心理学。在纽约大学，一门名为"真实世界"的本科课程通过进行模拟问题解决练习，教授学生一项属于未来的关键技能——应对变化的能力。在杜克大学、匹兹堡大学和其他顶尖医学院，肿瘤专业的学生可以报名参加"癌症之声"，这是一门专门的沟通交流课程，教他们如何与癌症患者进行艰难的对话。

这些努力都是良好的开端，更多的"类似道德"教育非常必要。这不仅是为了改善人们的个人生活，也是为了让他们为未来做好准备，在未来，我们的社会技能和情感技能将会成为最宝贵的资产。

结果主义思维

未来一些最有价值的技能将包括思考人工智能和机器学习的下游后果，并理解这些系统在被释放到社会中之后可能产生的影响。

现在，我们知道诸如 Facebook 和 YouTube 之类的行星级人工智能系统会出现一些令人意想不到的后果，也了解设计这些系统的工程师和企业高管并没有意识到他们打造的产品可能以哪些方式被滥用、开发和愚弄。我认为，这些系统中的大多数并不是被有意地设计来实施伤害的。相反，我认为它们的创始人和工程师是一些理想主义者，他们认为良好的意愿比取得良好的结果更为重要。

如今，部分是因为这些设计盲点，以及设计这些系统的公司不得不花费几十亿美元来纠正它们的错误，对那些能够在灾难性问题发生之前就发现技术系统缺陷的人员，公司的需求在不断增加。大型科技公司正在招聘具有执法、网络安全和公共政策等领域背景的人，他们既有现实世界的经验，又有结果论者的想象力，可以分析新产品，并想象它们会带来的所有可能的伤害。

　　未来，对这些人的需求会变得大很多，而且他们并非都是工程师，其中一部分人可能只是了解人类心理或风险和概率。Twitter 的前首席执行官杰克·多西（Jack Dorsey）表示，他很遗憾在 Twitter 早期没有聘请游戏理论家和行为经济学家来帮助公司了解坏人可能使用哪些方式来滥用其系统。[17]

　　结果主义思维在技术之外也很有用，因为人工智能进入了更多的行业，并创造了更多出错的机会。医生和护士需要了解诊断成像工具的优缺点，并预测它们会如何产生错误的读数；律师需要深入观察法院和执法机构使用的算法，并了解它们如何导致有偏见的决定；人权活动家需要了解面部识别人工智能等技术如何被用来监视和锁定弱势群体。

　　灌输结果主义思维的一种方法是将其正式设置为标准 STEM 课程的一部分，或者将其变为一场职业成人礼。在加拿大，当你从工科院校毕业时，你会被邀请参加一个所谓的"工程师召唤仪式"，这个仪式可以追溯到 20 世纪 20 年代。[18] 在该仪式上，每名毕业生都被授予一枚戴在小指上的铁环，以提醒他们为公众利益服务的责任。然后，他们背诵一段誓言，内容是他们保证"从今以后，不会忍受、直接或间接无视糟糕的工艺或有缺陷的材料"。

想象一下，如果 Facebook 和 YouTube 的软件工程师在发布其第一项功能或训练其第一个神经网络之前，需要举行一个类似的仪式，那么这能解决所有的社会问题吗？当然不能。但这能让他们想起自己工作的利害关系，以及需要注意用户的脆弱性吗？当然有可能。

法则 9　支持反抗者

我们所有人都会为我们的信念、未来和世界担心。这是人类想象力的本质。然而，每个人、每个文明都因为参与了自己设定的行动而进步了。

——雅克布·布洛诺夫斯基（Jacob Bronowski）

英国学者

近两个世纪前，一个厌世的 27 岁年轻人决定远离技术。

这个人来自美国马萨诸塞州的康科德市，那里是美国工业革命的中心。他的家族拥有一家成功的铅笔厂，这让他过上了舒适的生活，但是工厂的生活不适合他。大学毕业后，他对超验主义产生了兴趣，超验主义是一场新英格兰地区的作家和哲学家发起的新运动，他们对现代化不再抱有幻想，认为现代化使人们失去本性，将他们变成乏味的墨守成规者。

最终，他决定离开工业化的世界。他在湖畔的一片土地上盖了一栋简陋的小房子，并将自己的财产扔在一边，在那里住了下来。

这个人名叫亨利·戴维·梭罗（Henry David Thoreau），他的《瓦尔登湖》一书让他的湖畔之旅名垂千古，这本书改变了几代美国人看待技术进步的方式。《瓦尔登湖》因梭罗对自然的描绘和对简单生活的思考而闻名，但这本书也是一声严厉的反技术怒吼。梭罗显然讨厌技术，并且憎恨围绕着电报等新产品的大肆炒作，他认为这不过是一种对人类真实目的的干扰。

"我们急于建造一条从美国缅因州到得克萨斯州的电磁式电报线路，但是缅因州与得克萨斯州可能没有什么重要的东西需要交流，"他在1854年写道，"好像我们的主要目的是快速地讲话，而不是理智地说话。"[1]

大多数人都知道梭罗的故事。但很少有人知道，在1845年7月4日（巧合的是，这是梭罗搬到瓦尔登湖的同一天），一位名叫莎拉·巴格利（Sarah Bagley）的劳工活动家发表了一场演讲，她的演讲比梭罗写的任何东西都更直接地改变了技术进步的轨迹。

巴格利住在美国马萨诸塞州的洛厄尔，她是以"洛厄尔女孩"的身份长大的，这是在当地纺织厂工作的很多年轻工人阶级妇女的身份之一。[2] 跟梭罗一样，巴格利对工业文化不再抱有幻想，但原因大相径庭。她是一名工人，不是一个富裕实业家的孩子，她目睹了工厂里的生活有多么糟糕。她经历了减薪、长时间工作和不人道的工作条件，这些让她感到非常愤怒，工业巨头们正在以牺牲工人为代价来获取财富。

巴格利没有退缩到大自然中，而是成了一名劳工组织者。她开始写一些支持工人的文章并向当地杂志投稿，最终组织了一个名为"洛厄尔女性劳动改革协会"的工人权利组织。当地的劳工领袖们注意到了她付出的努力，并邀请她在马萨诸塞州沃伯恩市举办的独立日工人集会上发表一场演讲。

这场演讲很重要。大约有 2 000 人聚集在户外的一片小树林里，听巴格利谈论工业时代的不公正现象。她嘲讽工厂的老板，称他们为"新英格兰的蘑菇贵族"。[3] 她发誓要进入男性工会，为争取 10 小时工作制以及其他保护工人的措施而斗争。她要捍卫洛厄尔女孩，她说："我们的权利不能被践踏，而践踏者还免于惩罚。"

巴格利的讲话激发了这场工人运动的活力，而这场运动的精神曾被激烈的反对声挫伤。一家当地报纸称她为"才华出众、成就非凡的女士"。该报纸报道称，当她结束演讲时，"深受感动的人群发出了响亮而一致的欢呼"。

我给你们讲这些故事，不是因为我觉得这本书需要以另一段 19 世纪的历史作为结尾，而是因为我们在为技术的未来做准备时，这些故事阐述了一个我们面临的最重要的选择。

在很多方面，当今世界看起来都很像1845年时的样子。新型的、强大的机器已经彻底变革了工业，动摇了传统机构，改变了公民生活的结构。工人担心被淘汰，父母担忧新技术会给他们的孩子带来什么。不受监管的资本主义创造了大量新财富，但工人的生活不一定会变得更好。社会因种族、阶级和地理位置而分裂，政治家警告不平等和企业腐败现象存在加剧的危险。

面对这些挑战，我们有两个选择。

我们可以像梭罗一样，举起双手，拔掉我们的设备，选择离开现代生活，退回到荒野之中。或者我们可以像莎拉·巴格利那样，参与对话，了解影响技术实施的权力结构的具体情况，并让这些结构朝着更好、更公平的未来发展。

我个人是站在巴格利这边的。我认为，我们有为人民而战的道德义务，而不仅仅是与机器作战，我相信，对我们这些非技术人员来说，这一义务延伸到了支持有道德的技术人员，他们正在努力使人工智能和自动化成为一种解放力量，而不仅仅是成为创造财富的工具。

我将这一战略称为"支持反抗者"，不是因为我认为抵制技术剥削应该包括任何形式的暴力，而是因为我认为，重要的是以工具、数据和情感支持的形式给他们提供弹药，来支持我们最强大的技术机构内部那些为道德和透明度而斗争的人。

在操作层面上，与试图完全摧毁这些机构相比，我认为这种策略可能更有效。历史告诉我们，有些人仅仅反对技术，但缺乏一个让技术变得更好、更公平的愿景，他们往往都失败了。卢德分子通过砸碎他们的纺织机赢得了在历史书上的地位，但他们没有扭转工业化的影响；在 20 世纪中叶，对太空旅行嗤之以鼻的怀疑论者抱怨说这是一个空洞的想法，但是那些真正参与这个项目的人，包括凯瑟琳·约翰逊（Katherine Johnson）、多萝西·沃恩（Dorothy Vaughan）和玛丽·杰克逊（Mary Jackson）等不受重视的英雄，这些美国航空航天局（NASA）的黑人女工程师对太空竞赛的贡献被记录在图书和电影《隐藏人物》（*Hidden Figures*）之中，她们塑造了美国最伟大的技术成就之一；[4] 那些在互联网早期发出哀叹的人可能对自己身处道德高地感到满意，但他们也错过了打造网络空间的机会，而这些在随后的几十年里影响了几十亿人的生活。

我经常收到众多当今的"莎拉·巴格利"发来的电子邮件和信息，他们可能是 Facebook、亚马逊、谷歌或其他科技公司里的普通员工，他们告诉我，有些事情让他们感到震惊，比如，他们公司正在打造的一些工具、其工作场所的一些做法，以及他们未能遏制自己的产品在使用过程中对他人造成的伤害。这些人认为，作为公司内部的道德倡导者，他们可以发挥最大的作用，但他们感谢记者、研究人员和活动家在外部推动方面做出的努力，因为这些努力为呼吁变革增加了更多的声音。

在大型科技公司之外，有很多正直的机器制造商也值得我们支持和学习。

比如贾兹敏·拉蒂默（Jazmyn Latimer），他是一名产品设计师，为非营利组织"美国准则"工作。[5]几年前，拉蒂默想到了一个创意，他开发了一款名为"清除我的记录"的应用程序，对于那些因刑事犯罪而被定罪的人，该应用程序将使用自动化软件帮助符合条件者向当局申请在系统中删除其犯罪记录。该应用程序已在美国加州清除了 8 000 多个低级别毒品犯罪记录，让数千名以前被监禁过的人获得了解脱。

或者罗翰·帕夫鲁利（Rohan Pavuluri），他是一名 23 岁的哈佛大学毕业生，他在 2016 年创办了一家名为 Upsolve 的法律援助非营利组织。[6]该组织使用自动化软件帮助低收入美国人申报《破产法》第 7 章规定的文件，这个流程可以让他们摆脱沉重的债务负担，在财务上获得新的起点。到目前为止，这项服务已经帮助众多家庭清理了超过 1.2 亿美元的债务。

或者乔伊·波拉姆维尼（Joy Buolamwini）和蒂姆尼特·格

布鲁（Timnit Gebru），这两名人工智能研究人员研究了三种主要的面部识别算法，并发现这三种算法在试图对深色皮肤的人脸进行分类时，其准确性远远低于分类浅色皮肤的人脸。[7]这项研究导致几家主要的技术公司重新核查它们的人工智能，寻找产生偏见的证据，并承诺使用更多样化的种族数据集来训练它们的机器学习模型。

或者萨沙·克斯坦萨-塞科（Sasha Costanza-Chock），他是一名非二元性别、跨性别的媒体学者和麻省理工学院教授，他倡导了"设计正义"的概念。这是一种产品设计方法，它明确体现了消除结构性不公正的意图，并以边缘化人群的需求为中心。[8]克斯坦萨-塞科一直是一项社会运动的领导者，他提倡禁止使用面部识别技术，反对使用伤害弱势群体的工具，比如机场使用的毫米波检测机，它们迫使机场安检员在扫描乘客身体之前选择一个二元男女性别。

在过去的几年里，我在我的年度"优秀技术奖"专栏中介绍了一些这样的人，因为我认为，我们需要创造一些激励机制，哪怕是很小的激励机制，比如在报纸的新闻里被提及，以激励人们去开发能够大规模地给别人提供帮助的技术，而不仅仅是为他们自己和他们的投资人赚钱。

在我们努力塑造当今技术格局的过程中，我认为我们有一些特殊的义务，要为那些可能会在人工智能和自动化进程中遭受最大损失的人而抗争，包括历史上处于边缘化地位的社区和没有太多安全网络的群体。

我同时也认为，我们需要抵制将人工智能的对话推向太遥远未来的冲动。我一直喜欢"临近可能"的概念，这是进化生物学家斯图尔特·考夫曼（Stuart Kauffman）创造的一个术语，用来描述生物有机体渐进式的进化模式。[9]

"临近可能"是一个适用于技术世界的有用概念，因为它将我们带出了科幻领域，并将我们的注意力缩小到一些更现实的结果上。一个机器人完美地完成所有人类劳动，让我们每天都可以自由地创作艺术和玩电子游戏，这样的世界可能不属于"临近可能"。但是，我们使用机器智能来减少碳排放，寻找罕见疾病的治疗方法，并改善政府对低收入家庭的服务，这样的世界可能就属于"临近可能"。

我们这些热爱技术但担心技术使用的人，有责任探索这种临近可能，并争取得到最好的版本。

同样重要的是不要太沮丧，并且记住，尽管我们有很多担忧，但如果我们正确地应对，人工智能和自动化对人类来说可能会好得令人难以置信。一个充满人工智能的世界，也可以充满人类的创造力、有意义的工作和强大的社区。有一点需要提醒我们自己，从历史上看，技术冲击往往伴随着社会进步，即使这需要一段时间。工业革命时期的工人骚乱带来了劳工改革和对工人的第一次制度化保护；20 世纪中叶，人们对自动化的担忧导致人们通过扩大工会的权力巩固了中产阶级；21 世纪的第一个 10 年，"零工经济"的兴起掀起了组织力量的热潮，以保护合同工免受剥削。

当然，我不会对那些想要关掉他们的设备并逃到深山的人进行评判，而且我当然不反对采取一种平衡的生活方式，将技术放在适当的位置上。但是，技术节制不是解决问题的答案，我认为，我们必须与潜在的有害系统打交道，才能影响它们的发展轨迹。

我们很容易看出人工智能如何让我们分裂，但是也很容易看出它如何让我们团结。技术可以迫使我们研究自己，找出自己的优势和局限性。随着我们想出创新的、创造性的方法来保持领先地位，机器可以培养我们的韧性和创造力。人工智能和自动化可以将我们聚集在一起，用新型的超能力将我们武装起来，解决我们面临的一些最大的问题。

但是，如果缺少了我们，这一切都不会发生。未来不是一场观赏性的体育表演，而且人工智能也太重要了，不能只留给亿万富翁和机器人制造商。我们也必须加入战斗。

法则 9　支持反抗者

1846年2月21日，离莎拉·巴格利呼吁工人权利并让一群人激动不已还不到一年时间，她再次创造了历史。[10]

著名电报发明家塞缪尔·摩斯（Samuel Morse）的一名同事来到洛厄尔，调查一条从波士顿到纽约的新电报线路的计划。这条线路需要在洛厄尔设置一个发报站，摩斯正在寻找一名合格的运营人员。他问巴格利是否对这份工作感兴趣。

巴格利没有操作电报的经验。她曾经是工厂的工人和劳工组织者，而电报是一种创新的、最先进的工具，需要专门的培训。以前很少有女性操作过电报，一些男人怀疑这是否可行。（"女人能保守秘密吗？"一家当地报纸对此表示怀疑。）此外，电报的未来还远未确定。

但巴格利是一个敢于冒险的人，她喜欢挑战。所以，她答应了。她接受了400美元的年薪，花了几周的时间研究电报的原理，然后就开始工作了。

巴格利并不是真的需要转行。她已经成为新英格兰劳工运动中的一个传奇人物，她本可以将自己的声誉保持很多年。

但是，她不想用自己的余生来谈论历史的前一章，她想编写下一章。

制订一份面向未来的计划

　　本书中的大多数建议都遵循了广泛的、普遍适用的原则，对于很多不同类型的人，无论他们的情况如何，这些建议都可能有用。这是经过深思熟虑的——如果你追求的是一般性原则，并且你觉得你已经从本书中得到了自己需要的东西，那就太好了！

　　但是，如果你仍然渴望获得更多的细节，那么我建议你花一些时间制订一份自己的计划。

　　由你自己决定这份计划看起来什么样。有些人喜欢包含短期小目标的清单，有些人喜欢关注长期的转变，还有些人根本不喜欢设定目标，宁愿每天简单地提醒自己一两件事情。（我有一个朋友在他的电脑显示器上贴着一些激励性的便利贴，上面写着"多喝水"和"不要在推特上做个浑蛋"。）

我个人喜欢可实现的短期目标。因此,对于法则 1("成为意外的、社会化的和稀缺的人"),我创建了一个 3×3 的矩阵,并在每个框中填入我生活的三个领域(家庭、工作、社区)中的不同目标。我的矩阵如下:

	意外的	社会化的	稀缺的
家庭	带花回家,无需理由	给一个我多年没有联系的老朋友打电话	读一本我认识的人都没有读过的书
工作	为技术以外的领域撰写一篇报道	组织一场网络版的好友聚会	掌握 NewsWhip(一款社交媒体分析工具,很少有其他《纽约时报》记者经常使用)
社区	跟"坑洞义务警员"(一群奥克兰居民,他们会在黑夜的掩护下填埋坑洞,却不会通知城市主管部门)一起出去活动	为邻居们举办一场晚餐聚会	报名参加应急准备课程

根据本书的另外 8 条法则,我也制定了一些目标。以下就是我当前的清单:

法则 2:抵抗机器漂移

· 关闭 YouTube 推荐,尽可能离线购物。

· 保护"人类时间"。

· 每天冥想。

法则 3：降级你的设备

- 将每天面对手机屏幕的时间控制在 1.5 小时以内。

- 周日不发电子邮件。

- 根据需要，每年重复一次凯瑟琳·普莱斯的 30 天手机排毒计划。

法则 4：留下手印

- 每周写一张手写便条。

- 辅导一名新闻系学生。

- 向我欣赏其工作的同事提供详细的积极反馈。

法则 5：不要成为端点

- 不再查看斯特拉。（斯特拉是《纽约时报》的内部分析仪表盘，是一款对编辑人员有用的工具，但它也能让我了解自己的内容获得了多少阅读量，这可能会让我只想写那些我知道会获得很多阅读量的新闻内容。）

- 预定周五下午阅读和开发新资源。

- 每周至少有三天去办公室（如果疫情允许）。

法则 6：像对待一群黑猩猩一样对待人工智能

- 调查算法如何影响湾区的刑事司法系统。

- 参加机器学习相关的网络课程。

- 与《纽约时报》的首席数据科学家见面，了解我们如何在应用程序和网站上使用算法推荐。

法则 7：建立大网络和小网络

- 为邻居组织一场街区聚会。

- 开始参加贵格会的聚会。

- 更积极地参与《纽约时报》的工会组织——新闻工会。

法则 8：学习机器时代的人文学科

- 给别人更多的赞美。

- 在分享到社交媒体之前，完整阅读新闻内容。

- 每周至少午睡一次。

法则 9：支持反抗者

- 与"公民信号"组织见面。它是由一群学者和活动家建立的组织，他们致力于使数字平台的功能更像公共空间。

- 增加我在新闻中引用的非白人、非男性来源的数量。
  （我从同事本·卡塞尔曼那里窃取了这个想法，他每年
  会对自己的文章进行"多样性审计"，以确保女性和有
  色人种在他的署名信息来源中得到了充分代表。）
- 向"快进"捐赠。它是一个科技非营利组织的加速器，
  而那些组织致力于解决重大的社会问题。

这些目标显然不是放之四海而皆准的，你的目标可能看起来完全不一样。你还会注意到，我的很多目标与人工智能或自动化完全无关，更像是一般性的自助提示。这就是重点。如果技术变革下的生存之道变得更为人性化，那么我们需要做的大多数事情就是修复和恢复我们可能已经衰退的基本技能。

对我来说，一份面向未来的计划是一种对自己负责的方式，提醒我每天的选择是有意义的。这是一种衡量自己在变得更加人性化方面的进展的方法。我要求的是，如果你真的制订了自己的计划，你需要确保它能涵盖你的整个生活，而不仅仅是你的工作。面向未来的探索，其目的是让我们重新获得对思想和能动性的控制，而不仅仅是为了保住自己的工作。

注 释

前 言

1. Kevin Roose, "The Hidden Automation Agenda of the Davos Elite," *New York Times*, January 25, 2019.
2. Sean Carroll, "Aristotle on Household Robots," *Discover*, September 28, 2010.
3. Evans Clark, "March of the Machine Makes Idle Hands," *New York Times*, February 26, 1928.
4. Brad Darrach, "Meet Shaky, the First Electronic Person," *Life*, November 20, 1970.
5. Carl Benedikt Frey and Michael A. Osborne, "The Future of Employment: How Susceptible Are Jobs to Computerisation?," Oxford Martin Programme on Technology and Employment, September 17, 2013.
6. Gallup and Northeastern University, "Optimism and Anxiety: Views on the Impact of Artificial Intelligence and Higher Education's Response," 2017.
7. Jacob Bunge and Jesse Newman, "Tyson Turns to Robot Butchers,

Spurred by Coronavirus Outbreaks," *Wall Street Journal*, July 10, 2020.

8. Christopher Mims, "As E-Commerce Booms, Robots Pick Up Human Slack," *Wall Street Journal*, August 8, 2020.

9. Michael Corkery and David Gelles, "Robots Welcome to Take Over, as Pandemic Accelerates Automation," *New York Times*, April 10, 2020.

10. Chris Bradley, Martin Hirt, Sara Hudson, Nicholas Northcote, and Sven Smit, "The Great Acceleration," McKinsey, July 14, 2020.

11. Jared Spataro, "2 Years of Digital Transformation in 2 Months," Microsoft 365 (blog), April 30, 2020.

12. PA Media, "Bosses Speed Up Automation as Virus Keeps Workers Home," *The Guardian*, March 29, 2020.

13. Peter Dizikes, "The Changing World of Work," *MIT News*, May 18, 2020.

第一部分　机器

1.　一位"次乐观主义者"的诞生

1. Byron Reese, *The Fourth Age* (New York: Atria Books, 2018).

2. Will Knight, "AI Is Coming for Your Most Mind-Numbing Office Tasks," *Wired*, March 14, 2020.

3. Emma Griffin, *Liberty's Dawn: A People's History of the Industrial Revolution* (New Haven: Yale University Press, 2013).

4. Gregory Clark, "The Condition of the Working-Class in England, 1209–2003," *Journal of Political Economy* (2005).

5. Robert C. Allen, "Engels' Pause: Technical Change, Capital Accumulation, and Inequality," *Explorations in Economic History* (2008).

6. Daron Acemoglu and Pascual Restrepo, "Automation and New Tasks: How Technology Displaces and Reinstates Labor," *Journal of Economic*

Perspectives (2019).

7   Kelemwork Cook, Duwain Pinder, Shelley Stewart, Amaka Uchegbu, and Jason
     Wright, "The Future of Work in Black America," McKinsey, October 4, 2019.

8.   Carl Benedikt Frey, *The Technology Trap: Capital, Labor, and Power in
     the Age of Automation* (Princeton, N.J.: Princeton University Press, 2019).

9.   Jean M. Twenge, "Are Mental Health Issues on the Rise?," *Psychology
     Today*, October 12, 2015.

10. David E. Nye, *Electrifying America: Social Meaning of a New Technology*
     (Cambridge, Mass.: MIT Press, 1990).

11. Mary L. Gray and Siddharth Suri, *Ghost Work: How to Stop Silicon Valley
     from Building a New Global Underclass* (New York: Houghton Mifflin
     Harcourt, 2019).

12. Li Yuan, "How Cheap Labor Drives China's A.I. Ambitions," *New York
     Times*, November 25, 2018.

13. Gagan Bansal et al., "Does the Whole Exceed Its Parts? The Effect of AI
     Explanations on Complementary Team Performance," ArXiv, June 2020.

14. Kenneth W. Regan et al., "Human and Computer Preferences at Chess,"
     MPREF@AAAI, 2014.

15. H. James Wilson, Paul R. Daugherty, and Nicola Morini-Bianzino, "The
     Jobs That Artificial Intelligence Will Create," *MIT Sloan Management
     Review*, Summer 2017.

16. Benjamin Pring et al., "21 Jobs of the Future: A Guide to Getting—and
     Staying—Employed for the Next 10 Years," Cognizant, 2017.

2.　无惧机器人的工作

1.   Michael Marshall, "10 Impossibilities Conquered by Science," *New

Scientist, April 3, 2008.

2. C.I.J.M. Stuart, *Report of the Fifteenth Annual (First International) Round Table Meeting on Linguistics and Language Studies* (Washington, D.C.: Georgetown University Press, 1964).

3. Corbin Davenport, "Google Translate Processes 143 Billion Words Every Day," Android Police, October 9, 2018.

4. "Airport Ticket Machines Gain," *New York Times*, July 9, 1984.

5. Stuart Armstrong, Kaj Sotala, and Sean S. ÓhÉigeartaigh, "The Errors, Insights, and Lessons of Famous AI Predictions—and What They Mean for the Future," *Journal of Experimental & Theoretical Artificial Intelligence* (2014).

6. Richard E. Susskind and Daniel Susskind, *The Future of the Professions: How Technology Will Transform the Work of Human Experts* (Oxford: Oxford University Press, 2015).

7. Gallup and Northeastern University, "Optimism and Anxiety: Views on the Impact of Artificial Intelligence and Higher Education's Response," 2017.

8. Wendy MacNaughton, "What Truck Drivers Think About Autonomous Trucking," *New York Times*, May 30, 2019.

9. Mark Muro, Jacob Whiton, and Robert Maxim, "What Jobs Are Affected by AI? Better-Paid, Better-Educated Workers Face the Most Exposure," Brookings Institution, November 20, 2019.

10. Hugh Son, "JPMorgan Software Does in Seconds What Took Lawyers 360,000 Hours," Bloomberg, February 27, 2017.

11. Nathaniel Popper, "The Robots Are Coming for Wall Street," *New York Times Magazine*, February 25, 2016.

12. Alfred Liu, "Robots to Cut 200,000 U.S. Bank Jobs in Next Decade, Study

Says," Bloomberg, October 1, 2019.

13. Laura Yan, "Chinese AI Beats Doctors in Diagnosing Brain Tumors," *Popular Mechanics*, July 14, 2018.

14. Jameson Merkow et al., "DeepRadiologyNet: Radiologist Level Pathology Detection in CT Head Images," ArXiv preprint (2017).

15. Jonathan Marciano, "20 Top Lawyers Were Beaten by Legal AI. Here Are Their Surprising Responses," *Hacker Noon*, October 25, 2018.

16. Tom Simonite, "Google's AI Experts Try to Automate Themselves," *Wired*, April 16, 2019.

17. Megan Molteni, "The Chatbot Therapist Will See You Now," *Wired*, June 7, 2017.

18. Mikaela Law et al., "Developing Assistive Robots for People with Mild Cognitive Impairment and Mild Dementia: A Qualitative Study with Older Adults and Experts in Aged Care," *BMJ Open* (2019).

19. Eva G. Krumhuber et al., "Emotion Recognition from Posed and Spontaneous Dynamic Expressions: Human Observers Versus Machine Analysis," *Emotion*, 2019.

20. Clive Thompson, "What Will Happen When Machines Write Songs Just as Well as Your Favorite Musician?," *Mother Jones*, March/ April 2019.

21. Thuy Ong, "Amazon's New Algorithm Designs Clothing by Analyzing a Bunch of Pictures," *The Verge*, August 14, 2017.

22. Rob Dozier, "This Clothing Line Was Designed by AI," *Vice*, June 3, 2019.

3. 机器如何真正取代我们

1. Drew Harwell, "As Walmart Turns to Robots, It's the Human Workers

Who Feel Like Machines," *Washington Post*, June 6, 2019.

2. Brian Merchant, "There's an Automation Crisis Underway Right Now, It's Just Mostly Invisible," *Gizmodo*, October 11, 2019.

3. Marco Iansiti and Karim R. Lakhani, *Competing in the Age of AI* (Boston: Harvard Business Review Press, 2020).

4. 算法管理者

1. David Noble, *Forces of Production: A Social History of Industrial Automation* (New York: Knopf, 1984).

2. Kevin Roose, "A Machine May Not Take Your Job, but One Could Become Your Boss," *New York Times*, June 23, 2019.

3. Colin Lecher, "How Amazon Automatically Tracks and Fires Warehouse Workers for 'Productivity,'" *The Verge*, April 25, 2019.

4. Tristan Greene, "IBM Is Using Its AI to Predict How Employees Will Perform," *TheNextWeb*, July 10, 2018.

5. Hazel Sheffield, "The Great Data Leap: How AI Will Transform Recruitment and HR," *Financial Times*, November 4, 2019.

6. Daisuke Wakabayashi, "Firm Led by Google Veterans Uses AI to 'Nudge' Workers Toward Happiness," *New York Times*, December 31, 2018.

7. Kevin Roose, "After Uproar, Instacart Backs Off Controversial Tipping Policy," *New York Times*, February 6, 2019.

8. Mareike Möhlmann and Ola Henfridsson, "What People Hate About Being Managed by Algorithms, According to a Study of Uber Drivers," *Harvard Business Review*, August 30, 2019.

5. 小心无聊的机器人

1. Bauserman v. Unemployment Ins. Agency, Case No. 333181 (Michigan Supreme Court, 2018).

2. Virginia Eubanks, *Automating Inequality: How High-Tech Tools Profile, Police, and Punish the Poor* (New York: St. Martin's Press, 2018).

3. "Computer Glitch May Have Cost Thousands Their Benefits," *Orange County Register*, March 2, 2007.

4. Rita Price, "New Computer System Causing Confusion, Benefits Delays for Ohio Food-stamp Recipients," *Columbus Dispatch*, January 21, 2019.

5. Colin Lecher, "What Happens When an Algorithm Cuts Your Healthcare," *The Verge*, March 21, 2018.

6. James Phillips, "Announcing RPA, Enhanced Security, No-Code Virtual Agents, and More for Microsoft Power Platform," Microsoft Dynamics 365 (blog), November 4, 2019.

7. Craig Le Clair, *Invisible Robots in the Quiet of the Night: How AI and Automation Will Restructure the Workforce* (Forrester, 2019).

8. Daron Acemoglu and Pascual Restrepo, "Automation and New Tasks: How Technology Displaces and Reinstates Labor," *Journal of Economic Perspectives* (2019).

第二部分　法则

法则 1　成为意外的、社会化的和稀缺的人

1. William Lovett, *Life and Struggles of William Lovett, in His Pursuit of Bread, Knowledge, and Freedom* (Knopf, 1876).

2. Lance Ulanoff, "Need to Write 5 Million Stories a Week? Robot Reporters

to the Rescue," *Mashable*, July 1, 2014.

3. Steve Lohr, "In Case You Wondered, a Real Human Wrote This Column," *New York Times*, September 10, 2011.

4. Hannah Kuchler, "How Silicon Valley Learnt to Love the Liberal Arts," *Financial Times Magazine*, October 31, 2017.

5. Vinod Khosla, "Is Majoring in Liberal Arts a Mistake for Students?," *Medium*, February 10, 2016.

6. Scott Jaschik, "Obama vs. Art History," *Inside Higher Education*, January 21, 2014.

7. Kevin Hartnett, "Machine Learning Confronts the Elephant in the Room," *Quanta Magazine*, September 20, 2018.

8. Maria Popova, "Networked Knowledge and Combinatorial Creativity," Brain Pickings, August 1, 2011.

9. William Lovett and John Collins, *Chartism: A New Organization of the People* (London: J. Watson, 1840).

法则 2　抵抗机器漂移

1. Douglas B. Terry, "A Tour Through Tapestry," *Proceedings of the 1993 ACM Conference on Organizational Computing Systems* (1993).

2. Michael Schrage, *Recommendation Engines* (Boston: MIT Press, 2020).

3. Paresh Dave, "YouTube Sharpens How It Recommends Videos Despite Fears of Isolating Users," Reuters, November 28, 2017.

4. Amit Sharma, Jake M. Hofman, and Duncan J. Watts, "Estimating the Causal Impact of Recommendation Systems from Observational Data," *Proceedings of the 2015 ACM Conference on Economics and Computation* (2015).

5. Devindra Hardawar, "Spotify's Discover Weekly Playlists Have 40 Million Listeners," *Engadget*, May 25, 2016.

6. Ashley Rodriguez, "'Because You Watched': Netflix Finally Explains Why It Recommends Titles That Seem to Have Nothing in Common," *Quartz*, August 22, 2017.

7. Gediminas Adomavicius, Jesse C. Bockstedt, Shawn P. Curley, and Jingjing Zhang, "Effects of Online Recommendations on Consumers' Willingness to Pay," *Information Systems Research* (2017).

8. Christian Sandvig, "Corrupt Personalization," *Social Media Collective*, June 26, 2014.

9. Steve Lohr, "Sure, Big Data Is Great. But So Is Intuition," *New York Times*, December 29, 2012.

10. Alex Kantrowitz, "Facebook Is Still Prioritizing Scale over Safety," *BuzzFeed News*, December 17, 2019.

11. Camille Roth, "Algorithmic Distortion of Informational Landscapes," *Intellectica* (2019).

12. Brent Smith and Greg Linden, "Two Decades of Recommender Systems at Amazon.com," *IEEE Computer Society* (2017).

13. Brenden Mulligan, "Reduce Friction, Increase Happiness," *TechCrunch*, October 16, 2011.

14. Brittany Darwell, "Facebook's Frictionless Sharing Mistake," *Adweek*, January 22, 2013.

15. Jeff Bezos, "2011 Letter to Shareholders," Amazon.com, 2011.

16. Arik Jenkins, "Why Uber Doesn't Want a Built-In Tipping Option," *Fortune*, April 18, 2017.

17. Tim Wu, "The Tyranny of Convenience," *New York Times*, February 16, 2018.

注　释

法则 3　降级你的设备

1. Adam Smith, *The Wealth of Nations* (1776).
2. Sherry Turkle, *Reclaiming Conversation: The Power of Talk in a Digital Age* (New York: Penguin, 2015).
3. Ryan J. Dwyer, Kostadin Kushlev, and Elizabeth W. Dunn, "Smartphone Use Undermines Enjoyment of Face-to-Face Social Interactions," *Journal of Experimental Social Psychology* (September 2018).
4. Philippe Verduyn et al., "Passive Facebook Usage Undermines Affective Well-Being: Experimental and Longitudinal Evidence," *Journal of Experimental Psychology* (2015).
5. Moira Burke and Robert E. Kraut, "The Relationship Between Facebook Use and Well-Being Depends on Communication Type and Tie Strength," *Journal of Computer-Mediated Communication* (2015).
6. Kevin Roose, "Do Not Disturb: How I Ditched My Phone and Unbroke My Brain," *New York Times*, February 23, 2019.
7. Timothy D. Wilson et al., "Just Think: The Challenges of the Disengaged Mind," *Science* (2014).
8. Jenny Odell, *How to Do Nothing: Resisting the Attention Economy* (New York: Melville House, 2019).

法则 4　留下手印

1. Shusuke Murai, "Hands-on Toyota Exec Passes Down Monozukuri Spirit," *Japan Times*, April 15, 2018.
2. "The Automation Jobless," *Time*, February 24, 1961.
3. Rick Wartzman, "The First Time America Freaked Out over Automation,"

Politico, May 30, 2017.

4. "Toyota's 'Oyaji' Kawai Calls to Protect Monozukuri," *Toyota News*, June 17, 2020.

5. Frederick Winslow Taylor, *The Principles of Scientific Management* (New York: Harper & Brothers, 1915).

6. Ted Fraser, "I Spent a Week Living Like Gary Vaynerchuk," *Vice*, December 17, 2018.

7. Catherine Clifford, "Elon Musk on Working 120 Hours in a Week: 'However Hard It Was for [the Team], I Would Make It Worse for Me,'" CNBC, December 10, 2018.

8. Max Chafkin, "Yahoo's Marissa Mayer on Selling a Company While Trying to Turn It Around," *Bloomberg Businessweek*, August 4, 2016.

9. Derek Thompson, "Workism Is Making Americans Miserable," *The Atlantic*, February 24, 2019.

10. "Yann LeCun—Power & Limits of Deep Learning," accessed on YouTube, October 4, 2020.

11. Derrick Wirtz, Justin Kruger, William Altermatt, and Leaf Van Boven, "The Effort Heuristic," *Journal of Experimental Social Psychology* (2004).

12. Adam Waytz, *The Power of Human: How Our Shared Humanity Can Help Us Create a Better World* (New York: W. W. Norton, 2019).

13. Kurt Gray, "The Power of Good Intentions: Perceived Benevolence Soothes Pain, Increases Pleasure, and Improves Taste," *Social Psychological and Personality Science* (2012).

14. Timothy B. Lee, "Automation Is Making Human Labor More Valuable Than Ever," *Vox*, September 26, 2016.

15. Glenn Fleishman, "How Facebook Devalued the Birthday," *Fast*

注　释

Company, April 6, 2018.

16. B. Joseph Pine II and James H. Gilmore, *The Experience Economy: Competing for Customer Time, Attention, and Money,* revised edition (Boston: Harvard Business Review Press, 2019).

17. Kevin Roose, "Best Buy's Secrets for Thriving in the Amazon Age," *New York Times*, September 18, 2017.

18. Hannah Wallace, "This Ceramics Company Had a Cult Following but No Money. Then, 2 New Owners Brought It Back from the Brink," *Inc.*, July/August 2019.

法则 5　不要成为端点

1. Khristopher J. Brooks, "Why Automation Could Hit Black Workers Harder Than Other Groups," CBS News, October 10, 2019.

2. Chris Welch, "Google Just Gave a Stunning Demo of Assistant Making an Actual Phone Call," *The Verge*, May 8, 2018.

3. Tweet by @chrismessina, May 8, 2018.

4. Martin Ford, *Rise of the Robots: Technology and the Threat of Mass Unemployment* (London: OneWorld Publications, 2015).

5. Atul Gawande, "Why Doctors Hate Their Computers," *The New Yorker*, November 12, 2018.

6. Emily Silverman, "Our Hospital's New Software Frets About My 'Deficiencies,'" *New York Times*, November 1, 2019.

7. Catherine M. DesRoches et al., "Electronic Health Records in Ambulatory Care—A National Survey of Physicians," *New England Journal of Medicine* (2008).

8. Gwynn Guilford, "GM's Decline Truly Began with Its Quest to Turn

People into Machines," *Quartz*, December 30, 2018.

9. Peter Herman, *In the Heart of the Heart of the Country: The Strike at Lordstown* (Greenwich, Conn.: Fawcett, 1975).

10. Bennett Kremen, "Lordstown—Searching for a Better Way of Work," *New York Times*, September 9, 1973.

11. Agis Salpukas, "Workers Increasingly Rebel Against Boredom on Assembly Line," *New York Times*, April 2, 1972.

12. "Gartner Survey Reveals 82% of Company Leaders Plan to Allow Employees to Work Remotely Some of the Time," Gartner, July 14, 2020.

13. Kevin Stankiewicz, "Adobe CEO Says Offices Provide Some Boost to Productivity That Remote Work Lacks," CNBC, August 11, 2020.

14. Joe Flint, "Netflix's Reed Hastings Deems Remote Work 'a Pure Negative,'" *Wall Street Journal*, September 7, 2020.

15. Jerry Useem, "When Working from Home Doesn't Work," *The Atlantic*, November 2017.

16. Kyungjoon Lee, John S. Brownstein, Richard G. Mills, and Isaac S. Kohane, "Does Collocation Inform the Impact of Collaboration?," *PLoS ONE* (2010).

17. Tammy D. Allen, Timothy D. Golden, and Kristen M. Shockley, "How Effective Is Telecommuting? Assessing the Status of Our Scientific Findings," *Psychological Science in the Public Interest* (2015).

18. Steve Henn, "'Serendipitous Interaction' Key to Tech Firms' Workplace Design," NPR, March 13, 2013.

19. Sid Sijbrandij, "'Virtual Coffee Breaks' Encourage Remote Workers to Interact Like They Would in an Office," *Quartz*, December 6, 2017.

20. Ben Johnson, "How Well Do You Really Know Your Coworkers? A Virtual Company Shares All," Seeq Culture Blog, May 15, 2018.

注　释

21. Matt Mullenweg, "The Importance of Meeting In-Person," Unlucky in Cards (blog), October 16, 2018.

法则 6　像对待一群黑猩猩一样对待人工智能

1. Mariel Padilla, "Facebook Apologizes for Vulgar Translation of Chinese Leader's Name," *New York Times*, January 18, 2020.

2. Eric Limer, "Amazon Blocks the Sale of Gross, Auto-Generated 'Keep Calm and Rape Her' Shirts," *Gizmodo*, March 2, 2013.

3. Barry Libert, Megan Beck, and Thomas H. Davenport, "Self-Driving Companies Are Coming," August 29, 2019.

4. Janelle Shane, *You Look Like a Thing and I Love You* (New York: Headline, 2019).

5. Nathaniel Popper, "Knight Capital Says Trading Glitch Cost It $440 Million," *New York Times*, August 2, 2012.

6. Casey Ross and Ike Swetlitz, "IBM's Watson Supercomputer Recommended 'Unsafe and Incorrect' Cancer Treatments, Internal Documents Show," Stat, July 25, 2018.

7. Rashida Richardson, Jason M. Schultz, and Kate Crawford, "Dirty Data, Bad Predictions: How Civil Rights Violations Impact Police Data, Predictive Policing Systems, and Justice," *New York University Law Review*, Online Feature (2019).

8. Julia Angwin, Jeff Larson, Surya Mattu, and Lauren Kirchner, "Machine Bias," ProPublica, May 23, 2016.

9. Martin Ford, *Architects of Intelligence: The Truth About AI from the People Building It* (Birmingham, U.K.: Packt Publishing, 2018).

10. Dana Hull, "Musk Says Excessive Automation Was 'My Mistake,'"

Bloomberg, April 13, 2018.

11. John R. Allen and Darrell M. West, *Turning Point: Policymaking in the Era of Artificial Intelligence* (Washington, D.C.: Brookings Institution Press, 2020).

12. "Booker, Wyden, Clarke Introduce Bill Requiring Companies to Target Bias in Corporate Algorithms," Senator Booker's official site, April 10, 2019.

13. "Chicago Police Drop Clearview Facial Recognition Technology," Associated Press, May 29, 2020.

14. Erin Winick, "This Company Audits Algorithms to See How Biased They Are," *MIT Technology Review*, May 9, 2018.

法则 7　创建大网络和小网络

1. Kevin Roose, "The Life, Death, and Rebirth of BlackBerry's Hometown," *Fusion*, February 8, 2015.

2. Frederik L. Schodt, *Inside the Robot Kingdom: Japan, Mechatronics, and the Coming Robotopia* (New York: Harper & Row, 1988).

3. Peter S. Goodman, "The Robots Are Coming, and Sweden Is Fine," *New York Times*, December 27, 2017.

4. Richard Rubin, "The Robot Tax Debate Heats Up," *Wall Street Journal*, January 8, 2020.

5. "Towards a Reskilling Revolution: Industry-Led Action for the Future of Work," World Economic Forum, January 22, 2019.

6. Erin Griffith, "Airbnb Was Like a Family. Until the Layoffs Started," *New York Times*, July 17, 2020.

7. Sarah Fielding, "Accenture and Verizon Lead Collaborative Effort

to Help Furloughed or Laid-Off Workers Find a New Job," *Fortune*, April 14, 2020.

8. David E. Nye, *Electrifying America: Social Meaning of a New Technology* (Cambridge, Mass.: MIT Press, 1990).

法则 8　学习机器时代的人文学科

1. Daniel Goleman, *Focus: The Hidden Driver of Excellence* (New York: A&C Black, 2013).

2. Mengran Xu et al., "Mindfulness and Mind Wandering: The Protective Effects of Brief Meditation in Anxious Individuals," *Consciousness and Cognition* (2017).

3. Yuval Noah Harari, *21 Lessons for the 21st Century* (New York: Spiegel & Grau, 2018).

4. "Listen: You Are Worthy of Sleep," *Social Distance* podcast, April 30, 2020.

5. William D. S. Killgore et al., "The Effects of 53 Hours of Sleep Deprivation on Moral Judgment," *Sleep* (2007).

6. William D. S. Killgore et al., "Sleep Deprivation Reduces Perceived Emotional Intelligence and Constructive Thinking Skills," *Sleep Medicine* (2007).

7. Yvonne Harrison and James A. Horne, "Sleep Deprivation Affects Speech," *Sleep* (2010).

8. Aki Tanaka and Trent Sutton, "Significant Changes to Japan's Labor Laws Will Take Effect in April 2019: Are You Prepared?," *Littler*, February 12, 2019.

9. Alanna Petroff and Océane Cornevin, "France Gives Workers 'Right to

Disconnect' from Office Email," CNN, January 2, 2017.

10. John Michael Baglione, "Countering College's Culture of Sleeplessness," *Harvard Gazette*, August 24, 2018.

11. Sarah McGrew et al., "Can Students Evaluate Online Sources? Learning from Assessments of Civic Online Reasoning," *Theory & Research in Social Education* (2018).

12. Niraj Chokshi, "Older People Shared Fake News on Facebook More Than Others in 2016 Race, Study Says," *New York Times*, January 10, 2019.

13. Monica Bulger and Patrick Davison, "The Promises, Challenges, and Futures of Media Literacy," *Journal of Media Literacy Education* (2018).

14. Frank Chen, "Humanity + AI: Better Together," Andreessen Horowitz (blog), February 22, 2019.

15. Damon E. Jones, Mark Greenberg, and Max Crowley, "Early Social-Emotional Functioning and Public Health: The Relationship Between Kindergarten Social Competence and Future Wellness," *American Journal of Public Health* (2015).

16. Rebecca D. Taylor, Eva Oberle, Joseph A. Durlak, and Roger P. Weissberg, "Promoting Positive Youth Development Through School-Based Social and Emotional Learning Interventions: A Meta-Analysis of Follow-Up Effects," *Child Development* (2017).

17. *The Daily* podcast, "Jack Dorsey on Twitter's Mistakes," *New York Times*, August 7, 2020.

18. Erin Hudson, "An Inside Look at the 'Not Secretive but Modestly Discrete' Iron Ring Ritual for Canadian Trained-Engineers," *The Sheaf*, January 10, 2013.

注　释

法则 9　支持反抗者

1. Henry David Thoreau, *Walden, Civil Disobedience, and Other Writings* (New York: W. W. Norton, 2008).
2. Cara Giaimo, "Sarah Bagley, the Voice of America's Early Women's Labor Movement," *Atlas Obscura*, March 8, 2017.
3. Philip Dray, *There Is Power in a Union: The Epic Story of Labor in America* (New York: Anchor Books, 2011).
4. Margot Lee Shetterly, *Hidden Figures: The American Dream and the Untold Story of the Black Women Mathematicians Who Helped Win the Space Race* (New York: William Morrow, 2016).
5. Vanessa Taylor, "This Founder Is Using Technology to Clear Criminal Records," *Afrotech*, February 22, 2019.
6. Kevin Roose, "The 2018 Good Tech Awards," *New York Times*, December 21, 2018.
7. Kevin Roose, "The 2019 Good Tech Awards," *New York Times*, December 30, 2019.
8. Sasha Costanza-Chock, *Design Justice: Community-Led Practices to Build the Worlds We Need* (Boston: MIT Press, 2020).
9. Stuart Kauffman, *The Origins of Order: Self-Organization and Selection in Evolution* (New York: Oxford University Press, 1993).
10. Madeleine B. Stern, *We the Women: Career Firsts of Nineteenth-Century America* (Lincoln, Neb.: Bison Books, 1994).